U0627572

植木宣隆——著

周征文——译

畅销的光与影

人民东方出版传媒
People's Oriental Publishing & Media
东方出版社
The Oriental Press

植木宣隆

现任Sunmark出版社董事长兼社长。其策划编辑的畅销书包括《脑内革命》《母原病》《未来10年 发现活法》等，《脑内革命》销量突破410万册，荣登日本战后最畅销书榜第2位。其直接和间接参与的畅销书包括理查德·卡尔森所著《别为小事抓狂》（173万册）、稻盛和夫所著《活法》（133万册）、新谷弘实所著《不生病的活法》（140万册）、近藤麻理惠所著《怦然心动的人生整理魔法》（159万册）等，在过去25年间，Sunmark出版社拥有了8本百万级畅销书。

植木宣隆较早尝试向海外出版社授权图书版权的商业模式，比如江本胜所著《水知道答案》在全球35个国家累计售出300万册，稻盛和夫所著《活法》在中国的销量突破500万册。2015年，《怦然心动的人生整理魔法》在全球20个国家热销，曾获美国亚马逊网站年度图书综合销售榜亚军，在美国的销量就突破了400万册。迄今为止，Sunmark出版社在海外售出的图书总册数已超2500万册。

前言
一家小出版社为何能打造出 8 本百万级畅销书?

我阴错阳差地进入出版行业，转眼已过 40 余载。当了 26 年图书编辑，又干了 17 年出版社经营。

回首职业生涯的前 20 年，虽然出版业早已被定性为"夕阳产业"，但其依然不断发展。1996 年，整个日本出版业的总销售额达到顶峰。而在后 25 年中则不断走下坡路，行业总销售额跌至全盛期的将近五成。这样的时代变迁，我一路走过。

我曾担任编辑，整天与眼前的稿件和作者"格斗"；也曾与优秀作者共事，从中受到激励和启发；后来意外成为社长，不断为员工思考何为"最好工作，美好人生"。

不管在哪个时期，都有无数次"绝对不想经历第二次"的痛苦体验。如今事过境迁，坦白亦无妨，当年我为了筹措资金，去银行简直跑断了腿。有人说，企业经营者要累得尿血才算够格，不知该不该说遗憾，我至今还未到达这个境界。

我经常和公司老员工如此说道："面对销售额和资金等公司课题，我一直全神贯注地应对和处理，可谓翻山越岭，跋山涉水。如今回首过往，走过的山路两侧皆为断崖，稍有不慎便会滑落深渊。自己居然能一路走来，几乎是奇迹。如果叫我再走一遭这断崖绝壁，那我只能回答：绝不可能。"

可见，我能前进至此，真可谓是受到了一股"不可见之力"的庇护。这让我切实感受到自己有多幸运。

不管是处在职业生涯的哪个阶段，我都幸运地与不少畅销书发生缘分。而在被认为是"出版业一路低迷"的过去25年间，我们Sunmark出版社居然打造了8本百万级畅销书。

总员工人数不到50人的小出版社能有如此业绩，在全世界的出版社中都鲜有先例。而且我们的畅销书并非集中于某位知名作者或某个特定种类。

我是《脑内革命》（春山茂雄著，1995年出版）一书的策划编辑。该书荣登日本战后最畅销书榜第2位（当时），热销410万册。其续篇《脑内革命②》也达到了百万级销量（134万册）。剩下5本百万级畅销书的责编共5人，从公司干部、主编到刚入职三年的女编辑，各自的职业经历也不同。这些书既非文库本（文库本往往是畅销作品的口袋本。——译者注），也非新书（新书往往指丛书，其尺寸略大于文库本。——译者注），而是清一色的单行本（单行本是指单独出版发行的图书，其内容有的是杂志连载文章的合集成书，有的是作者的全新原创内容。——译者注），书的种类则广泛多样。

幸运的是，不仅上述百万级畅销书，销量高达数十万册的畅销书也在社里接连诞生。或许也得益于在职年数较长，如今社里的15名编辑中，除去资历尚浅的几名，几乎全员都打造过销量破20万册的畅销书。

不仅如此，我社还将自己的热销图书版权卖到海外，让它们在海外也成为畅销书。这种"走出去"的尝试，我社从很早起就开始进行了。

比如在全世界35个国家和地区翻译出版并热销300万册的《水知道答案》（江本胜著）、在中国销量破500万册的《活法》（稻盛和夫著），以及在全世界累计售出1200万册的爆款书《怦然心动的人生整理魔法》（近藤麻理惠著）等。

我社至今在海外售出的图书总册数已超 2500 万册。

Sunmark 出版社为何能创造这样的业绩？为何能打造出如此多的畅销书？又是如何培养员工的？……让人受宠若惊的是，迄今为止，我听到许多"希望公开秘密"的声音。

此外，其实早在 10 多年前，社内就有编辑提议我将公司的发展轨迹和我在其中的经历写成书出版。

由于《脑内革命》出乎意料地大获成功，我觉得自己已经用完了作为编辑的所有运气，于是想把工作重心放到"为社里培养编辑人才"方面。在每日的忙乱中，不知不觉竟然成了社长。

鉴于此，我并不认为自己有资格对人说教，因此一直坚定地回绝上述提议。但时间一年年过去，每次看到日本的出版业、内容生产业乃至制造业和商品业在全球陷入苦境的新闻报道，我便不禁想，自己是否能尽一份绵薄之力。

自不必说，这世上并没有什么能"轻松打造畅销书"的法则，但或许有能接近它的启示。为了获得这种启示，每名员工该怎么做？出版社又该怎么做？经营者又该具备何种意识？社内该采取何种措施？……我觉得我一直在进行相关的摸索。

对我自身而言，因为从事出版业而结识了各行业的代表性企业家人物，并从他们身上学到了许多，这可谓一大幸事。这也为我们社的运作方针提供了莫大的启示。

在写这本书时，关于我们社的思维方式及发展轨迹，应该如何阐述为好呢？在反复思索后，我想到了一点。

我平时就喜欢把心中所思所想付诸文字。曾经有一段时间，我一直在归纳与"出版人（包括社内的编辑和发行部员工等）修养"相关的格言。目的是将与这种创造性工作相关的重要思维方式进行"浓缩"。

不仅是编辑工作者，对于从事创造性工作的读者，以及为经营企业而每日苦斗的读者，若本书中有一两处能让各位画线参考，身为作者，可谓幸甚至哉。

植木宣隆

目录

第3章　不要用"脖子上边"来工作

第 1 章

摒弃『界限意识』

先要"有梦想"

持续的强烈"梦想"终会实现

或许因为与不少百万级畅销书有缘分，因此经常有人问我"怎样的编辑最有可能打造百万级畅销书"。

我的回答很简单——"比任何人都想打造百万级畅销书的编辑"。

从某种意义层面看，书可谓编辑念想的物质化产物。"能出一本这样的书就好了""这个作者能出一本这种主题的书就好了"……编辑如此在心中描绘蓝图，然后过个半年到一年，书就真的摆在眼前了。这正是念想成真的过程。而若要将这"念想"提升至最大值，就必须心怀强烈梦想。

这个道理不仅适用于图书。在我看来，无论是想让零食或饮料大卖，还是想让家电产品大卖，其实都殊途同归。强烈的梦想是实现一切的基础。

而且这并非我的理论创新，许多前辈都说过类似的话，而且这些前辈都是了不得的成功人士。

比如创立京瓷的稻盛和夫先生，我们社出版过他的 3 本著作。其中一本《京瓷哲学：人生与经营的原点》中，有一章名为"达成新事业"，其中写道：

"如果让世界上的大多数成功者现身说法，他们的话都可以简单地归纳为四个字：心想事成。所有的成功故事，几乎都可以如此总结归纳。（中略）换言之，'强烈而持久的愿望必将实现'是一个普遍真理。"

连稻盛先生都断言其为"普遍真理"，而我亦抱有同感。"心怀强烈的念想，抱有直至潜意识的强烈愿望，方能描绘出彩色鲜明的未来图景。"这便是稻盛先生的箴言。

同样，《生命的暗号》一书的作者，也是基因工程学界的权威村上和雄教授也提出了"决心为重"的理念。

据他说，重大研究是否能成功，取决于相关研究室的领导是否真的认为研究能成功。在我看来，他也是一语中的。决心为重，尤其是身居高位的领导，其认真和信心的高低程度，对结果有直接影响。

在"公司不知何时会倒闭"的凶险状况下

如今，凭借多本畅销书以及版权和电子书收益，我社有幸能够生存，并对员工给予一定的回报。但 2002 年 7 月，当时我刚从我社创始人那里接过社长一职，从那以后，我迈入了与身为编辑所不同的人生道路，也体尝到了企业经营者的辛劳。

也是当上了社长才知道，原来当时社里的财务状况极其不容乐观，债务股本比竟是负值。正可谓"在倒闭的边缘徘徊"。

经常有人说，中小企业的经营者没有不为资金问题犯愁的。不知是幸运还是不幸，我立马就受到了这种"洗礼"。

幸运的是，上任第二年，社里就有了几本按出版计划顺利畅销的"押宝成功书（Clean Hit）"，加上对潜力尚存的已出版常销书的着力推广，虽然辛苦艰难，但好歹在逐步脱离险境。

在担任社长一职后，我暗下决心，作为经营者，决不以环境为借口。若拿环境说事，那要不改行，要不实现划时代的革新，让企业进入新阶段。

而我所能做的，是不断投资"有前景的东西"。一旦觉得"这本书有搞头"，便毅然下注，哪怕失败亦无妨。我就是抱着这样的心态，一路挑战而来。此外，在对员工的培训提升方面，在对海外的图书版权交易方面，以及对未来前景看好的电子书方面，我都敢于投资，因为"先要有梦想"。

稻盛先生还有一个教诲令我收获良多，那就是计算人生·工作的结果的方程式。

人生·工作的结果 = 思维方式 × 热情 × 能力

据说，该方程式最初的顺序是"能力 × 热情 × 思维方式"。或许稻盛先生起初也认为能力最重要，但后来他的想法变了。因为热情和能力的数值范围是从 0 到 100，可思维方式是从 –100 到 100，可见后者对方程式结果的影响极大。

事实也的确如此。有的人不但成绩优秀、名校出身，且充满热情和干劲，可一旦思维方式有问题，就会干出十分危险的事情。由于上述方程式中的各要素是相乘关系，因此这样的结果就为负。有时甚至可能发生震惊社会的恶性犯罪事件。

就算不到这个地步，可一旦有负面思维，认为自己"做不到""不可能做到""肯定没戏"，便无法成大事。反之，认为自己"能做到""一定可以""绝对有戏"的人，与前者相比，哪类人更有可能创造成果呢？

思维方式是一切的关键。即要有发自内心的愿望，以及对自己的坚定信心。

写下愿望，然后发表

实现愿望的魔法——年初的"吹牛大会"

我们社每年年初都会举行"年度方针发表会"。会上的保留节目是"吹牛"目标发表会。社里每名员工都要在全员面前宣布自己今年想做什么，内容可以是不着边际的目标和空想，使劲儿吹牛亦无妨。

员工们每年这时候都会吹不少牛。有的在宣布目标时，不仅是听众，连发言人自己都忍不住中途笑场。

由于大家牛皮吹得太大，我后来在年度方针发表会中加入了发表"硬性目标"的环节，毕竟光靠吹牛是没法经营企业的。

而在半年和一年后，员工们还必须在全员面前汇报结果，这等于是在考核他们当初制订计划时的"认真程度"。

我认为，上述"吹牛"目标发表会其实对员工有很大的效果。通过该方式，他们的"界限意识"在不自觉中渐渐消除。

每个人都抱有多多少少的界限意识，它存在于难以刻意根除的潜意识中。比如有一个与诺贝尔奖有关的现象，只要一个研究室出了诺贝尔奖得主，那么那里往往会出第二个、第三个诺贝尔奖得主。究其原因，是由于在第一个得奖者的同事们看来，"这个平时其貌不扬、总是和大家打趣的家伙居然能得这等大奖"，于是觉得"既然他都行，那我也能行"。换言之，他们的界限意识消除了。

不仅是人，动物也有界限意识。比如小小的跳蚤，有的能跳到 1 米多高。但如果把跳蚤放到高 30 厘米左右的玻璃容器中，在上面盖上盖子，它一跳就会撞上盖子后跌落。如此持续一段时间后，即便打开盖子，明明可以跳 1 米多高的跳蚤，也只能跳 30 厘米左右了。

再比如大象，在它生下来没多久，就用铁链把它拴起来，铁链连着一个桩子。小象力量不够，自然无法靠自己的力量挣脱。但由于"自己无法挣脱"的"思想"根深蒂固，待小象成年，自己明明完全有力量挣脱铁链了，可它却根本不去尝试。可见，大象也有自己的界限意识。

听了这些故事，就能理解界限意识有多可怕。所以我才鼓励员工们在年度方针发表会上"吹牛"。"今年我要搞出百万级畅销书"今年我要搞出两本销量20万册以上的畅销书"今年我要搞出3本销量5万册以上的书"……大家一起这样吹牛，其实大有意义。

兑现年初"百万级畅销书宣言"的编辑

和其他社的同行谈起我们的年度方针发表会时，不少人往往会说："植木先生，如今的出版市场环境，一本书能销掉七八千册就不错了。像5万册、20万册，还什么百万册，这怎么可能吗？"这，正是界限意识的体现。

但只要仔细想想，是谁规定"一本书能销掉七八千册就不错了"？答案是并没有人。那么问题来了，这句话就真的对吗？

我社百万级畅销书《不生病的活法》（新谷弘实著）的责编高桥朋宏（原为我社常务董事，现已离职创业）便不这么认为。在2005年的年度方针发表会上，他宣布"我今年的目标是搞出百万级畅销书"，结果在第二年完美实现。

当时，他交给我的选题计划上赫然写着《突破100万册销量的图书候补计划》。当时自己的惊讶之情，至今让我印象深刻。身为企业经营者，看到员工如此踌躇满志，自己当然高兴。但他一下子定如此高的目标，说实话，当时的确让我有点错愕。

但他的目标最终居然实现了，这更让我吃惊。

不可忽视的前提是，该书作者新谷医生之前已经出版过大卖数十万册的长销之作《肠胃会说话》（弘文堂）。此外，不管在装帧，还是在内容构成和目录编排上，《不生病的活法》都在如何聚焦"读者的好奇点"方面下足了功夫。

在销量达 10 万册左右时，我社便在报纸《日经新闻》上刊登推文，内容是软银总裁孙正义先生与该书作者的对话。在销量达 50 万册左右时，我社又在报纸《读卖新闻》上刊登推文，内容是日本职业棒球联盟的养乐多（Yakult）队前教练野村克也先生（已故）与该书作者的对话。光是该书的宣传工作，就耗费了可以出好几本书的热情和精力。事实上，这也的确奏效了。

一般来说，成功打造百万级畅销书的概率低于"万分之一"。后来据高桥朋宏说，在那一年间，他一直在祈祷该书销量破百万。

而更令人吃惊的是，后来有一年的年初发表会，他吹了个更大的牛——"今年我要搞出第二本百万级畅销书"。那一年（2010 年）年底，他担任责编的《怦然心动的人生整理魔法》出版了，该书后来不仅是日本国内的百万级畅销书，还在世界多国大卖。

让人不敢相信的事情，就这么接连成真。摒弃界限意识的威力可见一斑。

在和日本国家男子足球队原教练冈田武史先生交谈时，我曾提到我们社的"年初吹牛大会"。结果他说："植木先生，你这个做法很对。"冈田先生经常指导儿童的足球苗子。据他介绍，当他叫孩子们"说出自己的梦想"时，孩子们往往沉默不语。

可当他叫孩子们"随便吹牛"时，孩子们就变得积极起来，一个个踊跃发言。有了冈田先生的"认证"，我愈发重视起社里的"吹牛大会"了。

而且纵观我们社，连我这个没啥了不起的家伙也曾创造过热销410万册的爆款《脑内革命》，因此员工们想必也认为："不就百万级畅销书嘛，我也能搞出来。""那个憨憨的社长都能行，我怎么会不行？"……

从该意义层面来看，或许我的存在本身就在社里发挥着消除界限意识的作用。

不管如何夸大妄想，都没人会蒙受损失

当年自己还是学生时，碰到过一个英语单词。不知为何，我特别中意它，一直对它印象深刻。这个词就是"Megalomaniac"。

翻译过来就是"夸大妄想者"。我这人就喜欢趋于夸大的畅想，"既然畅想，干脆就畅想个大的"。或许是这样的个性，使我对"Megalomaniac"这个词颇有好感。

夸大妄想的有趣之处在于，即便其未能实现，也没人会蒙受损失。而一旦实现，那真是欢天喜地。所以说，敢放肆妄想，你就"赢了"。

本书第4章"打造全球拥有2000万读者的爆款图书"一节中也阐述了同样的中心思想——梦想万一实现了呢？光是畅想，就令人快乐和振奋。

软银总裁孙正义先生的创业故事中有这么一段。创业伊始，公司租的办公室位于福冈的一栋杂居公寓内。孙正义先生当时站在装橘子的箱子上，对着公司仅有的两名员工（还是临时工）说道：

"咱们要有豆腐店的气魄！豆腐店做生意时，数豆腐是1块、2块地数。咱们公司以后做大了，数钱时也要1兆、2兆

地数（日语中，量词'块'与数字单位'兆'发音相同。——译者注）。"

后来，软银公司真就达到了他说的这种规模。

没有积累，而是"从零开始"干事业时，就需要持续抱有近似夸大妄想的目标，并树立"誓要使其成真"的决心。这一点至关重要。

有这样的思想意识，日常行为自然也会有所转变。会关心与目标相关的各种事物和因素，会毅然实施必要的行动，会积极思考如何把事情做到极致。所以说，念想真能让一个人的行为发生变化。

我个人有过颇为奇妙的相关体验。当时是 1998 年，即《脑内革命》出版的 3 年后。那一年，社里的《别为小事抓狂》[理查德·卡尔森（Richard Carlson）著] 销量破了百万。而在该书出版的十几天后，我坐在咖啡店里发呆，突然间一个念想掠过我的脑海。

"这本书下个月在这个媒体登载宣传，然后会加印数万册；下下个月在如此这般后，又会卖出数万册；再过几个月，这本书的销量便会……"

我一边这么想，一边在手头工作日记本上的"年度一览表"的页面上瞎写。表上每个月的空栏里，我逐个写下每个月的"预想销售册数"。等回过神来，在12月份那栏里，我已写到了"100万册"。

我这已经不只是"夸大妄想"了，简直到了"癫狂"的程度。

当时对我而言，这种体验还是头一次，因此连自己都觉得自己有点"瘆人"，最后在"年度一览表"上注明了日期，还签了名——"6月17日 宣隆"。

而真正令我吃惊的是后来发生的事。在接下来的半年内，该书的实际销量几乎与我写下的"预想销售册数"完全吻合，到了12月，总销量刚好到100万册。这简直是奇迹。如此奇妙的体验，令我至今难忘。

很明显，上述经历可谓"将不可能变为可能"的实例。当然，假如这种事情老是能碰上，那么企业经营者哪还用得着犯愁。

我虽然妄自尊大地说"夸大妄想不会让别人蒙受损失"，但其实也不尽然。说实话，由于夸大妄想而使员工和公司蒙受巨大损失的事，我干过也不是一次两次了。

都怪我盲目乐观，认定"（这本书）有前景"，于是武断拍板，过量加印，最后收到经销商和书店的大量退货。这种教训，我经历过许多回。

有时我对某个特定选题用力过猛，导致图书的总成本过高，最终未能达成年度目标。总之，常常因为我的刚愎自用而招来莫大损失，让员工欲哭无泪。我在此坦白这样的"黑历史"，也是想借此机会对员工们表示歉意。

鉴于此，我诚挚希望各位读者在运用此项时，请务必慎之又慎。

下一本畅销书就在"稀奇古怪之物"中

就如生存下来的"新物种"一般

纵观生命进化学理论，可以发现，最初被视为"稀奇古怪"的生物数量繁多。

长颈鹿就是其中的典型。如今，去动物园就能看到它，人们也把它视为一种普通动物而已，可在人类初次发现它时，不管从哪个角度看，它都是稀奇古怪之物。

在自然界，由于环境变化等各种因素，又或者因为突然的变异现象，都会导致新物种的产生。一般认为，这些稀奇古怪的新物种基本都无法长期生存，最终都会迎来灭绝的命运。

可事实并非如此，它们中的一些在大自然中深深扎根，逐渐成为"理所当然"的存在。长颈鹿便是代表之一。

在我看来，图书的世界亦有类似情况。新的畅销书，往往出自"稀奇古怪之物"。这是我一直坚信的理念，而在现实之中，有许多畅销书也的确如此。

因为稀奇古怪，所以不被广大读者垂青，最终从市场消失，这种情况的确不少。但从另一个角度看，有的书也正因为稀奇古怪才受到大众瞩目，最终成为爆款。

比如前面提及的《别为小事抓狂》。该书在当年出版时，几乎没有人发表过与书名类似的观点。换言之，该书想传达的信息可谓出乎意料地戳中了大众的"盲点"。正因为如此，该书的英文原版当年在美国也是爆款。

不过，当版权代理向我们提供该书的相关信息时，其在美国还只处于"中等畅销"的阶段，但当时我们社有名员工察觉到了该书的潜力和前景。她就是这本书后来的责编青木由美子（如今已是业内自由职业者）。当时，她已在前一年推出了日译版的《与神对话》[尼尔·唐纳德·沃尔什（Neale Donald Walsch）著]，该书成为畅销书，并为我社实现了外文译文书领域"零的突破"。

在最终授权签约之前，《别为小事抓狂》原版在美国的销量一路攀升，从而导致了日本大牌出版社与我们争夺版权的局面。但由于我们仔细研读了该书的内容概要，因此决定"押宝"，向版权方开出了极为优惠的条件，最终取得了该书的日文版权。

而在我们社完成该书的翻译和出版工作时，原版在美国的销量居然已达 500 万册，可谓"超级百万级畅销书"。正因为其为"稀奇古怪之物"，所以才能实现如此壮举。而这个道理，在日本同样适用。

讲"劈叉"的书为何能卖出百万册？

我们社在 2016 年的百万级畅销书是《身体再僵硬的人都能练成的劈叉》（Eiko 著），这也可谓稀奇古怪的书。该书责编是如今社里的常务董事黑川精一。

仅仅讲"如何练成劈叉"的书，怎么就成了百万级畅销书呢？该选题的来由，是因为黑川自己天生身体僵硬，自孩提时起便对能劈叉的人心生憧憬。通过网上新闻，黑川发现作者的视频在 YouTube 上的点击量已有 370 多万。于是黑川找到作者，向作者提出了选题计划。

如此稀奇古怪的选题，我们社之前自然是从未做过，也无法确定是否有潜在读者需求。一切都是因为黑川想做，仅此而已。

但考虑到他之前打造过两本百万级畅销书——《不被医生杀死的 47 心得》《揉揉小腿肚的惊人自愈奇迹》，才意识到他本就是"古怪选题专业户"。

该书属于实用类书籍，可除了"实战篇"里的照片和图解外，全书正文居然是小说体。披着实用类书籍的皮，内容却是励志小说。这已超越了"稀奇古怪"的一般定义，简直是前所未闻的产物了。

再加上目标明确的超长书名，突出书名关键词的封面设计，以及连商务人士都会爱上的"小清新"感觉。这一切的一切，让该书在出版后的人气度一下子飙升，连黑川本人都感到吃惊。

该书主题稀奇古怪，因此唯有依靠读者的潜在需求来打开销路。它不讲养生，也不谈健康，只聚焦"如何做到劈叉"。但看到封面上作者漂亮的劈叉，似乎不少读者都想要效仿。

该书首印 8000 册，但眼看人气度的急剧攀升，我觉得这或许是千载一遇的机会，于是"冒险之魂"又熊熊燃起。

该书自身拥有巨大能量，光是摆在书店店头，其销量就节节攀升。再加上我毅然决定下本钱展开宣传攻势，使其产生了爆炸性的反响。

该书 5 月出版，8 月销量已破 50 万册。当年 12 月，日本 TBS 电视台人气综艺节目《中居正广致星期五的微笑》向观众介绍了该书，使其在当年内的总销量达到了 100 万册。

"稀奇古怪之物"，这听起来似乎不像赞美之词。但对于前所未有的事物，为了表达其伟大之处，唯有使用如此语气强烈的词语。

打造爆点内容，进行推广

要做自己打心底想做的东西

凡从事创造性工作之人，皆在为了打造热点而奋斗。什么是潜力市场和主题？何为目标人群？……想必从业者都在拼命思考这些问题。

但比这些更为重要的是"做自己打心底想做的东西"。在我看来，只有这样的东西，才会成为切实打动人心的爆点内容。

我第一本策划编辑的书是前东家潮文社出版的《请给予一朵爱意》（广濑善顺尼编）。我生在京都长在京都，且一直在京都生活，直至大学毕业。因此知道在嵯峨野有一座叫"直指庵"的人气寺院。再加上它离因超度早夭胎儿而出名的化野念佛寺很近，所以不少年轻女子前去直指庵，求庵主指点迷津。

而不知从何时起，前来寻求点化的年轻人会在寺内名为

"思草"的留言簿上写下自己的心情寄语。恋爱的烦恼、填报志愿的迷惘、对将来的憧憬和不安……各种心中所思所想皆记录其中。我有幸得到机会阅读留言簿中内容，那之中充满了青春期少男少女独有的心境，我屡屡被打动。

于是我寻思着把这些内容汇成一本书。如此一来，想必能获得广大读者的共鸣。但"思草"多达数百册，可以装整整一个大纸箱。当时我刚入职不久，社里派的工作就让我整日忙得不可开交，因此没有时间着手自己想策划的选题。

于是我想找人代劳前期作业。刚好当时有一名已被编辑部选中毕业后入职的优秀在校生，所以我就拜托他替我做从海量留言簿中筛选内容的工作。我告诉他，看到觉得能用的好内容，就在上面贴上便笺。

一段时间后，他告诉我工作完成了，于是我让他给我看贴有便笺的部分。结果发现，该部分的量足以出一本书了，可最关键的"内容"却与我的意向大相径庭。在我看来，应该能发掘出更好的内容。

或许他是按照他的基准，选出了他认为最好的内容，但和我这个一开始就决心"从数百册留言簿中文海拾萃，打造一本浓缩精华之作"的人相比，其认真度和投入度还是全然不同的。

100个编辑会做出100种风格的书。我第一次理解这句话的意思，便是在那个时候。不仅如此，对"编辑"这份工作的真正含义——"汇而编，编而辑"，也是在那个时候懂得的。而此事给我最大的感触是"要想让创意和选题成真，策划者本人必须果断行动"，让别人代劳是行不通的。

于是乎，我扯下了他贴的所有便笺，自己从零开始筛选内容。这项在繁忙工作之余抽空进行的作业，却让我沉迷其中。留言簿中的内容大多是稀松平常的记述，但其中也蕴藏着亮点。而我便不断发现亮点并标记记录，这看似单调，可我干得很开心。

有的初中生趁着修学旅行来到直指庵，在嵯峨野的自然环境中生起了反省之心，于是在"思草"上写下自己对日常生活的反省；有的高中生意外怀孕，打胎后来到直指庵，对自己和男朋友之间的生命结晶的逝去，在"思草"上吐露心中的呐喊……数百册的留言簿里，凝缩了各式各样的人生片段。

而我打心底想让更多的人看到它们。比起书是否大卖，我似乎更关心"自己是否筛选出了最好的内容"。

当时的社长给该书起了很棒的名字，还在广告宣传上花了力气，最终它成了销量破10万册的畅销书。后来，该书的续篇、续续篇，甚至新篇、新新篇也相继推出。直到我离职后，该书的系列续作还在持续出版。这段经历让我深切感受到"必须做自己觉得有意思的东西""既然要做，就要做到最好"。

对于看准的东西，必须执着地予以栽培

最为关键的是"希望把作品展现给世人"的真挚热情。创造读者未知的新价值。可以是惊奇，可以是鼓励，可以是治愈，可以是感动……只要有新的要素，就有可能成为爆点。

其实我们 Sunmark 出版社推出的畅销书中，有许多都是作者的处女作。这是因为第一次写书的作者常常能创造全新爆点。

先前没有写过书的这种新作者出的书会怎样？其结果自然存在未知风险。对出版社经营层而言，这的确也令人害怕。但唯有在理解和认识这些风险因素的基础上，对新作者的能量和潜力毅然下注。在我看来，这样才能博得读者的芳心。

而正是基于这种思想做出版，"受众广、人气长"便成了关键。不仅是大城市，还要受到全国各地读者的垂青，且读

者受众要涵盖各年龄层。

比如我经常反复研读彼得·德鲁克（Peter F. Drucker）的著作，原著早在半个多世纪前就已完成，但其内容却一点儿都不过时。年长的企业经营者自不必说，哪怕是高中或初中生，读罢依然能深受感动，并获益良多。这是因为其著作揭示了人与社会的本质。当然，这种高质量的经典之作并不容易打造，但至少要有这样的目标意识。

打造爆点内容，并切实进行宣传，则必然会出成果。首先要积聚能量，不遗余力做书。一旦成书出版后，则要将全部精力倾注于发行销售。

要卖书，就必须努力做好宣传推广工作。但也不是说只要尽力推广就一定卖得好。有的书不管怎么宣传吆喝，最后还是卖不动。这便是现实。

至于那些能获得读者青睐的"幸运之作"，其实都有各种征兆可循。若发现这种征兆，并敏感地察觉到读者的喜爱之情，接下来就要对相应的书予以栽培。

这样的书也是情况各异，有的是一点点地增加销量，有的是依靠电视节目等媒体所引发的话题现象而短期大卖。总之，要把书视为"生命体"，按照其成长阶段，予以相应栽培。

而一旦到了决胜的节骨眼上，则要敢于冒险。在认为最合适的时机，一口气下血本进行宣传推广，且勇于尝试新手段。比如日本电车（电气铁路列车）车门旁墙面的广告海报张贴区域，早在 20 多年前，我们社就在该区域做起了图书广告。

其费用自然不菲，但我们考虑到该处的广告能吸引到其他地方覆盖不到的受众，因此不惜成本。结果发现，若该处广告的投放恰好能与图书的"成长情况"相符，则能制造出惊人的波澜；反之，若节奏步调有偏差，则会以失望而告终。如何对待"生命体"的确是件难事。如今，许多出版社都在做这种电车广告。虽然感觉有点儿过度竞争，但我并不认为这是坏事。

哪怕不亏不赚，造福各行各业即可

当初之所以决定做电车广告，其实也是基于我对广告的一贯理念，即"语不惊人死不休"。包括以前在宣传推广《脑内革命》一书时，我们社打的广告也把同行们吓了一跳。

报纸的广播电视节目预告表（广电栏）的右上和左下处的空间，在业内被称为"门牌"。当时，《脑内革命》的大幅广告就占据了该"门牌"。那个时代，报纸的读者比现在要多得多，因此获得了巨大反响。

该书在达成百万册销量后，我开始思考"接下来该向哪些人群宣传推广"，最后得出的结论是"平时不读书的人"。那么平时不读书的人一般爱干什么，答案是看电视，这便是在报纸广播电视节目预告表的版面打广告的理由。

当然，这么好的版面位置，广告费也是贵得离谱。在这块"宝地"打广告，我们社应该是业内头一家。我们当时要求报社将广告登在没有晚报的周日报纸上，所以我清楚记得，3个多月后，广告才登出来。

结果引起了前所未有的巨大反响。就拿东京市内的某家大型书店来说，在短短两天之内，其便消化掉了数百册的库存，负责人甚至对我们说道："有空就别做广告了，赶紧给我们书卖啊！"实际上，以该广告的大获成功为契机，该书一下子加印了数十万册。

对于广告的内容，我们社也做了各种尝试。比如把读者写在"读书卡（读书卡是夹在图书中的卡片，读者可以写下自己的读后感，然后寄给出版社。——译者注）"上的读后感原样登载在电车车门旁墙面的广告上，这也是我们社代表性的宣传手法。

很多时候，比起出版社拼命吆喝"这本书很好"，读者的真实感想拥有更强有力的说服力。人们常说"事实比小说还离奇"，虽然读者的真实体验不至于如此离奇，但他们的观点和看问题的角度有时的确让人出乎意料。而且这种来自读者的真实声音，也会引起许多人的共鸣。

此外，还有一件事至关重要。哪怕广告做得再成功，倘若实体书店和网上书店没货，则一切皆是徒劳。而书店和经销商来订单后，如果两周左右才能交货，那么很可能被抱怨。可见，关键要"一下子将书迅速给到读者手中"。

我们社有时会亲自让员工把书送到书店，有时会把社里仓库的书直接快递给书店或经销商。这种做法的确会耗费一些成本，也会影响一定的利润，但我们社把"尽快把书送到读者手中，让读者开心满意"视为最优先事项。

2019 年 7 月底至 8 月，我们社占领了 JR 东日本所有列车的车门旁海报栏，这可谓十分大胆的广告宣传尝试。整整一个星期，首都圈 JR 列车的所有车门旁和车门连接处的空间（一辆列车共有 20 面），都被我社 6 本新书广告"霸墙"。

在出版行业，此为前无古人之举。当然，相关费用极高，也"吓坏了"不少同行和业内外人士。而幸运的是，广告效果也出奇地好。

从广告代理店、媒体制作公司、书店和经销商，到纸厂和印厂，这些与我们社发生业务关系的合作商，无疑都对这种大手笔的动作表示欢迎和欣喜。

说得极端一点，哪怕我们社这波广告的结果是不亏不赚，我也觉得值。通过惠及上述合作商，等于在"为经济循环做贡献"。这么说虽有自我满足之嫌，但我觉得这样的思维方式未尝不可。

而在进行这样的宣传推广时，我觉得"消除界限意识"亦十分重要。换言之，要摒弃"一切以单纯的成本计算为纲"的传统观念。既然要做，大可做点"前无古人"的事情，大可尝试各种挑战。

柳树底下放金鱼

不做别人的翻版

出版业常说："柳树底下摸泥鳅，而且不止六七条。"换言之，一旦某个社出了本畅销书，那么许多社就会跟风出版类似的图书，或者是该畅销书作者的新作。

但我们社不会这么做。因为我们重视"创造新价值"。即便依靠做翻版赚了钱，可是作为内容打造者，这样真的有意思吗？

我认为，不应该在柳树底下找泥鳅，而应该主动在柳树底下放金鱼。而且要放色泽鲜艳、前所未见、博人眼球的金鱼。不曾有过的东西，让人惊奇的东西，贴合读者需求的东西，让读者欣喜的东西……从该意义层面来看，我们不应该去模仿别人，而应该立志成为被模仿的对象。

如今，我已不再参加选题论证会，但以前参加时，我总是重视选题的"冲击性"。此外，"先人半步""不急不慢"

也是我一直强调的关键词。

也正因为如此，员工在报选题时，似乎都有默契的共识，知道"不能报稀松平常的凑数选题"，更不必说什么"山寨"别家畅销书的选题了。直至今日，我们社依然保持着这样的风气。

从本质上来说，出版人从事的是"从零创造"的文化创意工作，因此我希望员工们能在策划选题时大胆构思，并在做书时乐在其中。做书的人是否从中感受到快乐，读者想必是能够察觉出来的。

我还有一个原则，那就是"不单纯消费作者"。一本书一旦一炮打响，那么众多出版社就会扎堆向该作者求稿，这是出版业的常态。于是乎，即便作者本人并不想"粗制滥造"，但其一本接一本的新书往往会逐渐雷同。

如此一来，作者自身等于在被不断消费，然后读者渐渐对其失去新鲜感，最后被市场所抛弃。事实上，这种"伤仲永"的情况并不少。

作者的书大卖后，出版社要着力于进一步耕耘该畅销书，促其销量进一步攀升，从而尽量将续作的出版时间合理延后。在我看来，这正是防止作者被过度消费的有效手段。

"看准时机果断出手"的确是经营要诀之一，但真正的好书也是"经得起读者等待的",所以我认为不可过于急功近利。

顺便提下,在美国,作者通常从代理公司那里获得报酬。或许因为如此,作者往往愿意继续把作品签给同一出版社。这也从一定程度上避免了"多家通吃,粗制滥造"的情况出现。

当然,英语圈庞大的读者数量级是日本无法相比的,故不能将二者进行简单比较,但对日本出版界而言,也必有不少值得从中学习和借鉴之处。

扬长避短

优势创造压倒性成果

前面提到，我们社不喜欢"柳树底下摸泥鳅"。这是因为靠一味模仿所得的业绩再好，也无法真正让出版社变强。我希望我们社能发挥自己的力量，或者说自己的个性和长处。

要想发挥自己的力量，关键在于增强自身优势。我自己在步入社会后，深切感受到了其重要性。

我是国立大学毕业生，当年高考时要考5门科目。而考私立大学的只要考2门或3门。

而在毕业走上社会、进入出版界后，或许存在因人数多寡而导致的偏差，但我明显感觉到，私立大学毕业生中，不少人有吸引人的一技之长，且更能创造压倒性的成果。

各种事情面面俱到的确不易，但拥有某项突出能力的人更能取得成功，也更能散发独特魅力。

或许自然界亦是如此。

在我看来，昆虫的拟态便是典型。能伪装成兰花模样的花螳螂，完全能骗过人的眼睛。其以如此精巧的拟态来诱惑虫子，从而实现捕食它们的目的。"外表能伪装成无限接近兰花的样子"，仅凭这一项优势，花螳螂便不会挨饿。

最近我还知道了一种叫栗透翅蛾的蛾子，它的外形与马蜂极其惊人地相似。通过伪装成马蜂，能吓跑来啄食它的鸟。这便是靠"长得像马蜂"这一招来保命。

再说回人，学生们往往有自己不擅长的科目，哪怕把不擅长的科目分数努力提高至平均水平，其实对个人的竞争力也没有多大帮助。大自然已经阐明了这个道理。

以平均水平来策划选题，出版销量一般的书来赚钱，这能算真正的出版业吗？当然，出版社要生存，赚钱固然重要，但如果各社能最大限度地发挥自身优势，或许能创造比目前高 100 倍乃至 500 倍的成果。

这正是文化产业的特性所在，也是出版行业的魅力所在。当然，要实现并不易。越是孤注一掷地押宝自身的特长，赌输时的损失也越大，此为自然之理。正因为如此，当员工的选题图书销售受挫时，我一般不会去质问和责备。

而且我自己就是搞出了一堆滞销书的"罪魁祸首"。旁人把我视为"畅销书编辑",这是因为畅销书显眼,滞销书容易被人遗忘,仅此而已。对于失败的"黑历史",深挖也无甚意义,因为我们追求的本质不在其中。

"变态偏执狂"才是创新的源泉

希望社里呈现"生物多样性"

要从精神上摧毁一个人其实很容易，只要每次遇到他就数落其缺点即可。如此反复，一个人立马会颓废。

作为企业领导，则应反其道而行之。

"咬紧牙关也要表扬。"

这是已故庆应义塾大学名誉教授清水龙莹先生的名言。作为研究企业经营的优秀学者，他强调："企业领导不应执着纠正员工的短处，而应努力发挥员工的长处。"换言之，不要只盯着劣势，要以优势决胜负。该道理对一个组织同样适用。"现代管理学之父"德鲁克也曾说：

"组织关键要充分发挥每个成员的优势，并巧妙地弥补每个成员的劣势。"

换言之，不可盯住个体的缺点不放。要着眼于如何最大限度发挥组织成员的优势，至于劣势，则应集组织之力进行弥补和调解。反之，哪怕耗费精力将组织成员的劣势改善至平均水平，也不会有什么特别的惊喜和竞争力。

鉴于此，我一直致力于让社里呈现"生物多样性"。我偏好于招募个性鲜明的员工，而在员工培养方面，比起"没有短板的平均合格员工"，我更着力于培养拥有某项显著优势的员工。

有意思的是，人往往难以察觉自身优势。反之，有时自认为拥有的特长，在旁人眼中却不过尔尔。由此可见，人应该努力发掘自身潜藏的优势，自己未曾察觉、别人高度评价的特长，才值得去开发。

为了避免这样的优势特长被埋没，本人和周围的人都应态度坦诚。此外，周围的人要善于观察和挖掘。尤其是企业和上司，对于自己的员工及下属，必须保持这样的意识。

如此一来，组织内良性的"变态偏执狂"就会逐渐增多。成员们察觉到自身优势，并执着于对其的打磨和提升。而这种匠人精神，亦是一种良性的偏执状态。

我们社的不少编辑都有上述特质，且"偏执点"各不相同。虽然有时会由于太过偏执而失败，可一旦成功，则收获的成果往往非比寻常。换言之，我们社的编辑大都拥有自己明确的"编辑哲学"。

"变态偏执狂"连看不到的细节都不放过

德鲁克的《卓有成效的管理者》一书中，引述了下面这个故事：

大约公元前 440 年，希腊雕刻家菲狄亚斯（Pheidias）完成了雅典帕特农神庙屋顶雕像群的雕刻工作，直至今日，它都是西方雕刻艺术的巅峰之作。可是在作品完成后，雅典的会计官员却拒绝支付菲狄亚斯的酬劳账单。会计官员说："雕刻作品的背面谁都看不见，可你却还都雕了。哪有连看不见的部分也要付款的道理?！"对此，菲狄亚斯答道："不，众神看着呢。"

我非常喜欢这个故事。在我看来，这是从事创造性工作的人不可或缺的精神。有人说"神就在细节之中"，我觉得完全在理。真正的匠人，能关注到别人关注不到的地方。凡是取得突出成果之人，皆是如此。

对于细节的执着似乎会被一般人所忽视，可一旦有所"偷工减料"，就会立马暴露。书亦是如此，但凡存在偷懒或赶工，读者立刻能察觉。所以说，"变态偏执狂"是出版人应有的重要特质。

比如，我们社有个实用类书籍编辑，他对文章配图极为纠结。有时在初审和复审稿里标注了一大堆修改，好不容易到了最后的校对阶段，却说"还是不满意"，结果大批换图。

大量修改会增加重新排版等方面的成本费用，这也是没办法的事。不过等成书出来，发现的确质量上乘。这使得不少书店店员是这名编辑的"粉丝"，而读者也对他编辑的书评价颇高。这便是"变态偏执狂"的做事风格。

我们社还有一名女编辑，她精通灵性领域，被一些拥趸称为"女王大人"，也是一个"变态偏执狂"。

这样的例子在我们社还有许多。有的编辑是"行文偏执狂"；有的编辑是"目录偏执狂"；有的编辑是"选题偏执狂"，坚持只做特定选题；有的编辑兴趣爱好奇特……而我在经营出版社时，旨在尽量营造一个能让各种"变态偏执狂"自由发挥的环境。

而这样的"变态偏执狂"编辑和"变态偏执狂"作者如果在一起的话，便形成了"创造最强内容"的梦幻组合。虽然这么说有点失礼，但在我看来，拥有出众内容的作者，往往也属于"变态偏执狂"人群。纵观接触过的优秀作者，他们几乎都在一些特定的点上异常执着和纠结，其程度令人吃惊。反倒是"正常一点儿的作者"属于"稀有物种"。

说到这里，我想起《怦然心动的人生整理魔法》一书的作者近藤麻理惠女士，在与她初次见面寒暄时，她就坦言道：
"我有变态级的整理癖。"果然只有终极的"变态偏执狂"，
才是创新的源泉。

无艰难，不成功

诞生于烤鸡肉串店的畅销书——《母原病》

我在跳槽到教育研究社（Sunmark 出版社的前身）的第二年，责编了《母原病》（久德重盛著）一书。该书出版后被电视台等各媒体相继报道，最终成为销量破 50 万册的热销书。

在前东家工作时，我便与小儿科医师久德先生结识，于是向他约稿，选题是育儿格言集。当时，我们在咖啡店碰面，在谈妥相关事宜后，已是傍晚时分。于是我提议道："一起喝一杯如何？"于是我们便去了东京新桥车站附近的一家烤鸡肉串店。

我们一边喝酒，一边闲聊。少顷，久德先生谈起他察觉的一个现象。

"植木先生，最近由于母亲的极端溺爱和放任，有的孩子出现哮喘、腹痛，甚至脚痛得无法走路之类的症状。"

于是我问他这个病叫这个名字，结果他答道，因为病因是母亲，所以该叫"母原病"。

我十分惊讶，自己之前从未听说过这种病，而且"母原病"这个词令我印象深刻，因为它承载了强烈的信息。于是我想，比起格言集，对"母原病"的认识或许才是读者更为需要的。就这样，我临时改变了选题，拜托久德先生从该方向下笔。

如今，关于人的心理对生理的巨大影响，已然成为一种常识，可40年前却并非如此。

九州大学的池见酉次郎教授是在日本开设心理治疗的第一人，而久德先生便是他的"大弟子"。再加上久德先生的专业领域是哮喘，而一般认为哮喘症状存在较大的心理因素，因此从理论观点层面看，可谓存在诸多交集。

总之，假如当年当日我没有和久德先生走进烤鸡肉串店，《母原病》这本"50万级畅销书"就不会诞生。后来，社里同人经常把该书称为"诞生于烤鸡肉串店的畅销书"。

从那以后，我养成了和作者一起在店里小酌畅谈的习惯。由上述可知，这并非单纯因为我是好酒之人。

天国的父亲帮我解围?!

《母原病》的选题敲定过程比较顺利，可最终定稿却拖得旷日持久，简直耗费掉了做 10 本书的精力和劳动，可谓一段苦涩的回忆。

至于详细原委，我这里就不赘述了。总之，我拜托久德先生重写了 3 回原稿，每回原稿都有 300 多张（每张稿纸有 400 字的方格），等于他一共写了 900 多张。作为编辑，也因为我当时的业务水平不够，每次我提出修改意见拜托他重写，结果写出来的患者症状还是病历般的罗列记述，不知是不是医生的职业习惯使然。

我认为该书的主旨应该是以故事的形式描述各个家庭的成员关系，包括亲子关系、夫妻关系，以及兄弟姐妹之间的关系等，通过讲故事般的娓娓道来，向读者呈现各种关系中存在的问题。见上述修改作业无果，于是我找了一名撰稿人，两人一起前往久德先生位于名古屋的诊所进行现场采访和收集素材，据此获得第一手资料来重新撰稿。

我以为这样总算是走上正轨了，将新稿件交给久德先生过目后，拿回来的稿件上却充斥着大量的修改。我和撰稿人好不容易凑出脉络清晰的故事性患者案例，却又被他改得分崩离析。气氛一下子变得紧张起来，我甚至做好了最坏的打算。

就在那时，我偶然得知久德先生是旧制爱知一中（如今的爱知县立旭丘高中）的毕业生。其实我父亲曾是该校的思想品德课老师，而久德先生居然是我父亲的学生，这真是奇妙的缘分。

久德先生在得知此事后对我说："您原来是植木老师的公子啊！"原本剑拔弩张的关系，总算透出了一丝和谐的光芒。

父亲在我高二时就病故了，他当然不可能知道我当时碰到的困难。但我依然相信，是他在天国帮我解了围。令人欣喜的是，不知道是不是心理作用，从那以后，久德先生似乎渐渐能耐心倾听我的提案，于是工作也得以一点点地推进。

即便如此，离最终定稿的目标依然遥远。讨论和磋商在反复进行，而每次出初审、复审稿和校样后，都会围绕一大堆修正处产生纠纷。

在获得久德先生首肯、最终定稿时，我清楚记得那种积攒的疲惫瞬间释放的感觉，累得我简直要当场倒下。

不过，就是因为如此艰难，就是因为与作者如此"激烈肉搏"，再加上冥冥之中的机缘相助，才有了《母原病》这本畅销书的诞生。

27万册加印图书在10日内全国铺货

"无艰难，不成功"并不只适用于图书编辑。不管对方是作者还是经销商等，在关键时刻，都要具备这种精神。换言之，一旦看准时机，就要拿出魄力，毅然押注，并把事情做到位。

比如我们社在2017年5月出版，同年年底销量破百万的《模特都在偷偷练！美体重塑》（佐久间健一著）。该书责编是当时入职第3个年头的莲见美帆（当时26岁）。在当时实用类书籍小组领头人小元慎吾主编的麾下，她做出了这本爆款书。

这其实是她首个实用类书籍选题。据她回忆，当时既不知如何进行策划，也不知如何找作者，只是定了个"美体瘦身"的大方向，然后去网上搜索人气博客。

而在此过程中，她找到了倡导"模特体形"的佐久间老师。可起初她也抱着半信半疑的态度，在与佐久间老师商讨出书事宜时，她还拜托主编在场。

经了解，佐久间老师曾指导过不少名人，包括国际小姐和世界小姐的参赛者等。鉴于此，莲见认定他能够写出值得信赖的内容，于是开始推进该选题的成书工作。包括敲定内容、选定练习动作、加入真实感悟、完成崭新装帧和腰封宣传语，每一步都下了功夫。

该书首印 8000 册，由于作者本人也尽力宣传推广，因此销量一路攀升，一个多月后已突破 20 万册。在该书刚出版后不久，作为责编的莲见告诉了我一件事，令我至今难忘。

一般来说，图书一旦出版，出版社就会向与作者有交情的人物和媒体赠书，赠书通常采取邮寄方式。《模特都在偷偷练！美体重塑》亦不例外，当时，作者佐久间老师给了我们社一张收件人名单，叫我们按照上面的信息寄出赠书，总计大约 150 册。

可就在我们要将赠书寄出时，他却联系到我们，说书不用寄了，他会亲自一本本送去。

更令人吃惊的是，他在短短一周内完成了这项任务。为此，他在那一周内的合计睡眠时间仅有 10 个多小时，平均下来每天只睡了不到 2 小时。

在得知该消息时，我都怀疑自己是不是听错了。不仅如此，对于不同的赠书对象，他竟然在认为对对方有用的章节页上贴了浮签，还写下了各不相同的赠言。

这已经超越了"无艰难，不成功"的境界。进一步询问后得知，佐久间老师平时就是那种"少睡也不累"的体质，难怪莲见不管是深夜还是清晨发邮件，他都几乎"秒回"。

据说他当初从健身俱乐部的教练做起，赤手空拳靠自己闯出一片天地。虽然年纪尚轻，但已在全世界具有一定的知名度。这一切的一切，让我明白，无论是质还是量方面，他的能量都完全超出常人。

也就在这一瞬间，我确信"此书必会大卖"。

于是我果断决定接连大量加印，并下血本进行广告宣传。究其原因，便是鉴于作者的上述事迹。

结果，作者这种令人难以置信的能量似乎注入了书中一般，其销量轻松突破一个个节点。

而针对每个节点，我们社都会在媒体上进行相应的宣传推广。而最后一招决定性的王牌，则是 TBS 电视台人气综艺节目《中居正广致星期五的微笑》在当年 12 月中旬播放了一期对该书的介绍。节目在晚间播放，结果全国各家书店把我们社发行部员工的手机打爆，要求我们供货。从那周的周六、周日至第二周的周一，发行部员工根本没法把手机放下。

该书在上述节目播放当日的销量为 63 万册，我在那一周的周六、周日决定加印 27 万册，第二周又加印 10 万册，到了年底又加了 10 万册，总销量最终突破 110 万册。在短短两周内做出加印将近 50 万册的决策，如今回想起来，我或许真是"胆大妄为",但结果不出所料,加印的书全部售完。

而之所以能够在如此短的时间内完成加印和铺货,都亏了社内全体同人的齐心协力。当时,面对全国各家书店和经销商接连不断的订单和咨询,社里的员工们跨越了部门和岗位,全身心投入应对之中。道理很简单,热销的时候如果缺货,那一切都会化为泡影。

当时,12 月 16 日决定加印的 27 万册,几乎都在年内送到了所有要货的书店。事实上日本物流业常年有人手不足的情况,这简直可谓如有神助的完美结果。

那段时间,社里的员工们不分昼夜地应对来自书店和经销商的订单和各种要求,发行部部长西川毅可谓其中的典型,他当时几乎不睡觉,简直要把佐久间老师比下去。员工们的辛苦艰难可见一斑,但他们最终漂亮地完成了工作。

社里的一名女员工回想当时的情景,不禁感叹道:"原来这就是真正的'员工团结一心'啊。"

在出版业,说起打造畅销书,在"灯光下"的往往是编辑,但唯有发行部等相关部门鼎力支持,事情才能做成。要取得巨大成功,唯有全员齐心协力,历经艰难。而我则一直感谢和关注着员工们为社里的付出。

践行"获得好运"的活法

谦虚和蔼之人最不可小视

"能否做成百万级畅销书,是否存在运气和偶然因素?"这是我经常被问到的一个问题。由于该问题实在高深,因此我难以立即作答。不过有些书的出版时间假如提前或延后半年,结果还真不好说。从这点来看,书或许也有自己的"书运"存在。

在我看来,畅销书是各种因素的组合,进而产生了巨大能量。其因素包括责编的强烈念想和执着、作者想传达的信息和希望广而告之的意志,以及发行销售部门"打心底想让书问世"的努力动机等。

这所有因素合成一种"气息",在读者中传播开去,并化为"希望对读者有用""希望给予读者正能量""希望为读者疗伤"等无声的呼唤,故而能获得读者的支持。

可以说,编辑、作者乃至出版社的思维方式和行动,都会对这种"无声的呼唤"产生巨大影响。说得直白点，关键在于是否在践行"获得好运"的活法。只有这样，才能招来好运。

当然，我并非把100%的精力都花在如何获得好运上，但既然在生活，对运气还是应该予以重视。松下幸之助先生也曾反复强调运气的因素。对于不可见的事物的敬畏之心，终会以某种现象的形式显现。我认为此言非虚。

我前面讲过，要把书视为"生命体"，因此首先必须关心它、善待它。我们社从2019年起将物流业务外包，但在那之前，我们长年自己运营物流中心。对于书，物流中心的员工一直具备"认真对待"的意识，即便是退回来的书，他们也会仔细去污打磨（去除污渍或变黄的部分等）。他们认为"这里（物流中心）是书流向读者的出发点，因此自己的工作责任重大"。这样的意识，实在难能可贵。

多亏了他们的努力，我们社的书一直受到客户"品相完美""送货准时"的好评。

图书在仓库是否被小心搬运和摆放，这些细节或许读者无法察觉，可谓"不可见的事物"。但在我看来，正因为是不可见的事物，所以才更要重视。这也能从某种程度上左右运气。

凡是卓越的成功人士，其运气当然不坏。而越是这样的人物，越是谦虚低调，从不耀武扬威。我是东京 Rotary Club（东京 Rotary Club 创立于 1920 年。是一个由商人和职业人员组成的慈善团体，其旨在推广经营理念、提升职业素养和道德，以及开展人道主义援助项目等。——译者注）的会员，我在该组织中发现，越是位于各领域顶尖位置的人，越是谦虚和蔼、善解人意。

我曾经很害怕耀武扬威之人，觉得那样的人不可小视，这也是普遍心理。但如今则不同，我渐渐认识到，谦虚和蔼之人才最不可小视。而这也是他们获得成功的法门之一。

总之，运气好坏与否，做事顺利与否，都与日常行为和活法息息相关。

船井幸雄先生的教诲

说到谦虚和蔼之人，我脑中立刻浮现的代表是船井幸雄先生。

船井先生认为，"运气和命数非常重要，一旦掌握个中诀窍，便能贵人遍天下"。下面介绍一下我与船井先生相识的机缘，内容或许有点冗长，我尽量做到言简意赅。

早在 20 世纪 80 年代，就已有数家出版社出了船井先生的不少书。这些书的内容自然很好，但在我看来，似乎仍缺一本凝缩他的思想精华的集大成之作。

换言之，我认为"船井先生能够也应该出一本更加聚焦于读者阅读需求的书"。

于是我构思的选题是"对船井先生起决定性作用的关键著作"，其凝缩了他的思想本质，能对读者的活法产生启迪。为了约稿，1989 年我与船井先生初次见面。

他当时并未听过我们这家小出版社的名号，但碍于对我的盛情难却，答应："试试看吧。"他创立了船井综合研究所，还是日本首个让经营咨询类公司在东京证券交易所第一板上市的企业家，且著书多数，可谓了不得的名人，可他那谦虚和蔼、平易近人的态度，至今令我印象深刻。

在敲定书的大方向之前，我们经历了反复的讨论，不少想法和构思也是一次次推倒重来，光是最初的选题策划成形就花了两年多时间。之后，以船井先生亲撰的原稿加上我采访他所得的内容为素材，我们社请来了作家川北义则先生帮忙整理和润色。川北先生后来凭借《男人的品格》（PHP 研究所）等作品成为畅销书作家。

顺便提下，我和川北先生是在一次派对上结识的，我们俩一见如故，之后在工作方面合作过多次，不少畅销书也是多亏了他的鼎力相助。

1992 年，我们社第一次出版了船井先生的著作《未来10 年 发现活法》，承蒙船井综合研究所在演讲会上的大力协助，该书销量超过预期，最终达到了 17 万册。

书卖得好，对出版社而言自然是可喜可贺；而我通过与船井先生的那次共事，在人生和企业经营的原理原则方面，有幸从他那里得到了许多教诲。如今回想起来，这方面的收获，远远比前者更珍贵。

船井先生当年的三大口头禅（三原则）——"坦诚""正向思维""热爱学习"，以及"生产好运的商品，结识好运之人"等名言，我现在依然能够立马张口就来，可见他对我潜移默化的影响。

这让我深切感受到身为编辑的无比幸运——能够以工作之便，接受顶尖企业家的熏陶。关于这点，后面我还会进行阐述。总之，如此不断地"结识好运之人"，我自己的运气也在变好。

"船井人脉"不断孕育出畅销之作

也许因为《未来10年 发现活法》一书的销售成绩让船井先生感到满意，他主动向我们社提议出版该"未来10年系列"的第2本。记得他当时对我说："植木先生，下一本要不叫《慧眼识真》？"

然后，他便亲自执笔了"世间万物皆为必然和必需""如何辨别真伪""要选择和地道的人和地道的商品打交道"等章节。

他向我介绍了好几位他所认为的"大人物"，然后我和川北先生两个人跑到全国各地，对他们进行面对面的采访。其中，因EM技术而享誉海内外的琉球大学比嘉照夫教授（现任名誉教授）格外令我印象深刻，通过与他交谈，我发现他"不管是在工作还是品格方面，都是实打实的大人物"，于是当场向他约稿，希望出版他自己的著作。

EM是英文"Effective Microorganisms（有用微生物群）"的缩写，它是比嘉教授发现和研发的复合微生物培养液，这种培养液对人和其他各种生命体皆有功能效用。在农业领域，该培养液能促进高品质作物的产量；而在环境和医疗领域，其亦能发挥显著效用。此处不对其进行详述，总之，在全球相关领域的业内人士中，他的这项发明成果可谓是尽人皆知。

而在船井先生的"未来10年系列"第2本——《未来10年 慧眼识真》出版数月后，比嘉教授所著的《拯救地球的大变革》亦得以出版。《未来10年 慧眼识真》不出意料地大卖，而在该书的最后一章中，对比嘉教授的工作和履历进行了介绍，从而提升了读者对比嘉教授自身著作的期待度。

正如前述，比嘉教授在业内具有较高知名度，但却不为大众所知。为此，船井先生鼎力相助，在《拯救地球的大变革》出版后不久，他与比嘉教授进行了一次对谈，其内容以广告的形式刊登在报纸《日经新闻》上。得益于此，《拯救地球的大变革》最终销量突破了25万册，在以环境、农业和医疗为主题的图书中，这已经属于极为罕见的销售成绩了。

船井先生实在人脉广泛，从企业家、大学教授、研究学者，到医师、作家乃至灵媒者。而不管对谁，他都平易近人、对等待之。而在与他探讨选题的采访候补对象时，一旦提到了谁，他就会立刻打电话给当事人，为我们社牵线搭桥。

在我看来，他言传身教地让我懂得了"好运之人的行动原理"。有一天，他对我说："我给你介绍一位专业水准卓著的医师，他人也十分热心。"而船井先生介绍的这位贵人，就是后来《脑内革命》一书的作者春山茂雄先生。春山先生毕业于东京大学，是一家诊所的院长，每天从早忙到晚，为了病人，可谓鞠躬尽瘁。

当时，基于欧美的最新理论和诸多病症案例，春山先生发现，若保持心境平和及正向思维，就能影响到脑啡肽的分泌，从而改善身体的健康状态。

换言之，他的发现等于是从医学、医疗的角度佐证了船井先生的经营观和人生观，因此受到了船井先生的关注。25年后的今日，这类医学观点和理论几乎已经成为一种常识，但在当时，其可谓非常吸引人的崭新思维方式。

而在船井先生阐述"如何享受人生"的"未来10年系列"第3本——《未来10年 发现快乐》的第1章中，对春山先生的工作事迹予以了详细介绍。

不仅如此，该章节还对在3个月后即将出版的春山先生的著作《脑内革命》进行了预告宣传，实现了这种在出版行业内极为罕见的"书中书宣传"。

船井先生的"未来10年系列"平均每本都有10万册左右的销量。鉴于此，我十分看好这种"让尽量多的读者对新人作者的处女作抱有期待"的营销方式。这等于也是在《未来10年 慧眼识真》中获得成功的营销手段的升级版。

由于上述"书中书宣传战术"大获成功，《脑内革命》出版后，其销量稳步增长，随着不断获得读者的共鸣，该书逐渐迈入畅销书的轨道。

回顾这一切，若从"运气"的角度看，正好应验了船井先生"结识好运之人"的原理。我感觉自己是沾了他的运气。因此，能得以结识船井先生这样的人物，真是让我感激不尽的福报和善缘。

"过往皆善哉"的积极心态

"高考二次落榜"成就了今日的我

"过往皆善哉"也是船井幸雄先生的名言之一。我觉得这句话太有道理。认同自己的过去，积极看待和评价过去发生的事，如此一来，往往能给当下和未来带来正面的结果。我希望更多的人能明白这个道理。

曾经有好几年，我连续担任日本某知名女子大学学生就业指导中心所举办的媒体宣传研讨会的演讲嘉宾。而在演讲中，最为打动听众的，也是与"过往皆善哉"相关的内容。

我虽然毕业于京都大学文学系，但其实曾经历过二次高考落榜。第一次高考时，因为想专攻数学，我填报的是理科专业，结果没考上。而在复读过程中，我邂逅了哲学。

尼采、保罗·萨特、叔本华……原本是为了排解在复读班的烦闷而读的这些哲人著作，自己却在不知不觉中完全沉迷。于是打算在大学学习哲学，从而将志愿从理科变为文科。但这样一来，社会系的考试科目就会增加，由于准备不足，我再次高考落榜，于是不得不又复读一年。

我父亲是京都大学哲学专业的毕业生，而我的两个亲哥哥也都是京都大学学生，且都是第一次高考便被录取，在这种"既然是植木家的孩子，就理应第一次高考就成功进入京都大学"的无形压力之下，我这个落榜两回的家中老三，真有点儿无处容身的感觉。

可正因为有上述坎坷和改变志愿的经历，我才能与出版行业结缘。这或许算不上"转祸为福"，但原本认为的失败，最终还是让我受益了。

不仅如此，复读两年的苦涩岁月，也对我有所帮助。它让我痛彻心扉地体会到了何为前途迷茫、如被逼至悬崖的苦境。正因为如此，面对身处类似状况的人，我能有所感同身受。

有一次，我在前面提到的那所女子大学的媒体宣传研讨会上讲了上述经历。演讲结束后，一名在场的女大学生走到我面前，居然哇哇大哭起来。经询问，原来她当初高考时，第一志愿是另一所国立大学，可由于分数不够，最终录取她的是现在这所女子大学，可她无论如何都不想放弃第一志愿，于是复读一年，结果依然如旧——那所国立大学没考上，要她的还是现在这所女子大学，于是她只好就读。

由于这所女子大学也是名牌大学，因此在旁人眼中，她或许是意气风发、一帆风顺的佼佼者，但对她本人而言，就读该学校却是在心中挥之不去的失败和挫折体验。而在那之前，她对谁都没法道出这番心声。

她说在听了我的故事后，得以坦露出原先对父母和朋友都不敢倾诉的心中之苦，最后露出了释然的笑容。我相信，以此为契机，她一定能不再纠结过去，获得重新开始的勇气。这正是"过往皆善哉"的体现。我当时对她说："你进入这所大学，一定是有相应意义的，未来肯定有好事发生。"

与此同时，我心中其实也有点紧张和不安，毕竟一个中年男人把一名年纪轻轻的女大学生惹得大哭，不知道旁人会不会把我视为可疑的危险分子。

两个人撑起编辑部的辛劳

大学毕业后，我入职了位于东京市谷的潮文社。这是一家小出版社，其主推俳句诗人种田山头火的作品集和丛书，编辑能根据自身判断来策划选题和成书，这是该社吸引人之处，但社长的性格相当乖戾，不少编辑干了没多久就辞职走人了。我在那里干了两年编辑，据说是当时"在职时间最高纪录"的保持者。

虽然在职时间不算长，但我在社长的亲自指导下（因为主编也马上辞职了）学到了许多，从如何打造吸引人的目录标题，到如何撰写广告稿。如今回想起来，还是该感谢他。

贸然从潮文社辞职后，我看到教育研究社的招聘广告。该社当时位于东京高田马场地区，是如今 Sunmark 出版社的前身。当时教育研究社主营家庭教育方面的套装产品，采取登门推销的方式，为了开拓书店方面的全新销售渠道，其新设了相关部门，计划制作普通图书，因此开始招人。

除了我，当时入职的还有清原康正先生（如今是文艺评论家）。当时就靠我们两个人，一切从零开始，撑起了整个编辑部，实在是忙得够呛。每次为了找作者而到处打电话联系时，听到最多的问题是"你们社是哪里的？"。由于知名度为零，被这么问也是理所当然。

但也正因为如此，不管是打一通电话，还是写一封信，都需要我费心思、下功夫。现在回想起来，这其实是对我很好的历练。

如今，主动要求 Sunmark 社为自己出书的作者亦不在少数。如此一来，哪怕编辑不煞费苦心，作者也会答应见面洽谈，提出的选题策划也较易被作者采纳。总之，要搞出一本书并不太难了。

对于编辑的自我历练和成长，如此顺风顺水的环境或许并非有利因素。对于该问题，必须认真思考。与进入知名企业和组织相比，在无名的企业和组织或许更能收获"过往皆善哉"的结果。

在这样的思考和领悟过程中，对于"好事"和"坏事"，我逐渐有了较为深入的认识。看似好的事情，真的就是好事吗？而看似坏的事情，真的就是坏事吗？

或许好事其实是坏事，而坏事其实是好事。在我看来，人人都有必要认真思考这个问题。

头脑灵活不如心灵聪慧

在工作中，既会有令人感到幸运之事，也会有不尽如人意之事。就拿做书来讲，若负责话题之作或备受期待之作，对编辑而言，大概算是欣喜之事。

但另一方面，既然是话题之作或备受期待之作，就已然背负了"天生的枷锁"。巨大的期待不仅来自社内，更来自广大读者。如此一来，其成功的门槛，或许就已经比普通的书要高了。

　　不仅是工作，在人生方面，许多人也被幸运和不幸所捉弄。有的人年纪轻轻便陷入苦境，诸事不顺，厄运连连，无法心想事成，难以取得成就……对此，一定要试着改变看问题的角度。

　　人的一生，根本不可能事事一帆风顺。鉴于此，我觉得最好还是在人生较早阶段体尝挫折和辛苦，经历自卑和纠结。因为唯有体会和经历过这些，才能体察和理解他人的痛苦。

　　有的人头脑灵活，不管中高考还是大小考，一路过关斩将，顺利通过。但心灵聪慧的人更吸引我。心灵聪慧者，能够体察和判断对方及周围人的所想所求，能够考虑到对方及周围人的感受，从而兼顾各方各面。

　　那什么样的人才能成为上述心灵聪慧者呢？我认为是"真正尝过苦涩滋味的人"。即亲身经历过挫折和艰辛，明白痛苦感觉的人。且在我看来，与头脑灵活者相比，或许心灵聪慧者在工作方面会更出色。

　　以采访为例，受访者可能愿意向采访者 A 吐露心声，却不愿意向采访者 B 吐露心声，这种情况很常见。究其原因，是由于采访者作为倾听者，考验的是其全方位的人格魅力。

换言之，心灵是否聪慧，在很大程度上决定了采访所获内容的质和量。

心灵聪慧，大多源于人生中的痛苦经历。我们社在招聘新员工的面试环节中，会着重询问应聘者"有哪些将挫折经历化为人生收获的亲身事例"。越是有"自卑纠结"之类经历的人，我越是对其感兴趣。当然，我并非讨厌一帆风顺的精英骄子，只是更被那些一路荆棘走来的人所吸引。

"过往皆善哉。"关键要理解这点，积极对待人生。

令人记忆深刻的 3 本处女作

下面想介绍一下 Sunmark 还被称为"教育研究社"的时期，我所经手的 3 本处女作。

第一本是杂志《流言的真相》的创刊人兼主编冈留安则先生的处女作《解剖杂志》。当年，庆祝《流言的真相》创刊及首期出版的派对在东京厚生年金会馆举办，这一活动让我至今印象深刻。

在我们社所出版的图书中，《解剖杂志》或许给人以较为另类的感觉，但冈留先生在书中体现出的不畏强权、软硬兼施，且广交朋友、贯彻理想的人生态度，对我可谓是一种感情陶冶。

不幸的是，冈留先生在 2019 年便驾鹤归西，但他标志性的墨镜后面的内敛目光，永远铭刻在我的心中。

当时，每次讨论书稿，我和冈留先生都会去新宿黄金街的一家别样风格的酒吧，酒吧名为"小路"。在完稿之前，我已记不清去过那里多少次，感觉自己的心脏也被冈留先生锻炼得很强了。

第二本是吉冈忍先生的处女作《采访报告文学——教师的休息日》。吉冈先生曾是反对美国对越战争的"市民反战联合会"成员和社会活动家，如今是日本 P. E. N. 协会［P. E. N. 分别是 Poet（诗人）和 Playwright（剧作家）、Essayist（随笔家）和 Editor（编辑）以及 Novelist（小说家）的英文首字母，它是一个日本文化从业者的协会组织。——译者注］的会长。当时，他在月刊杂志《教育的森林》上连载的教育类采访报告内容非常好，引起了我的注意，于是我向他约稿。

他那直达受访者心灵深处的细致采访风格，以及以柔美行文反映社会问题的感性文笔，真可谓无与伦比。鉴于此，我当时就预感到，他早晚会成大事。

之后果不其然，他所著的《坠落之夏》（新潮社）获得了讲谈社颁发的纪实文学奖，他还成为活跃于电视报道类节目中的采访报道者。面对他不忘初心的职业态度，我一直在心中默默支持着他。

第三本处女作的出版时间比上述两本晚了 5 年多，它的作者是月刊杂志《女性自身》的主编樱井秀勋先生。樱井先生把《女性自身》打造成了销量破 100 万册的人气杂志，这使他在业内声名远扬。

后来，在他离职祥传社而创立月刊杂志 la-seine 之际，我有幸成为他的处女作《不懂女人你怎么生活》的责编。

当时，为了庆祝杂志 la-seine 的创刊及首期出版，樱井先生在日本工业俱乐部举办了纪念派对。

非常幸运，《不懂女人你怎么生活》在出版后激起巨大反响，社里一再加印，最后累计销量达到了 40 万册。在成书之前的沟通过程中，不管是一起用餐时还是日常交谈时，樱井先生都教给我许多编辑的要诀和素养，成为我莫大的人生财富。

"不想经历第二次"的那段时光

虽然我前面说"过往皆善哉"，但也正如在本书开头提到的，我的确也有"不想经历第二次"的时光。

其实，在《母原病》热销后的一阵子，也就是20世纪80年代初，社里的单行本销售陷入不振，故集团公司决定改变经营策略。于是从1983年起的数年间，社里不再出版以书店为渠道的市场类图书。

当时，集团下的相关分公司拥有不少优秀的登门推销人员，在决定推进内部直销的方针下，其计划以地方自治体、企业和街道居民会为对象，销售大版面4色印刷的实用类图书，于是把这做书的任务派到我们这里。这些书虽然一部分会流向书店，但主体是直销。换言之，书店销售只是消化库存的附加手段而已。

突然有一天，社里区区数名员工收到了上述通知。

这也许要怪我们业务不精和成绩不佳，但加上前东家的工作经历，我好歹也干了7年多的编辑工作，在做市场书方面已有了一定经验，也感受到了其意义所在，因此当时得到该消息时，的确很受打击。

为了应对这样的新政策并提高工作效率，社里出书的操作流程也发生了转变——选题策划改由相关分公司的营销部门主导提出，我们编辑部基于此制定主要内容框架，然后将具体成稿作业外包给外部的编辑工作室。

《红白喜事礼仪大全》《汉字用语辞典》《简单！感叹！

健康饮食》《信件·演讲范文》《轻松搞定烹饪》……纵观那段时间出的书，全是这种典型得不能再典型的实用类图书。

其中也有销量达到数十万册的，但销售渠道是相关分公司建立的内部直销模式，完全依靠其营销部门的能力。因此对我们社来说，对于书成功与否，完全没有一点儿预判和感知的余地。在我长年的编辑生涯中，那段索然无味的日子真是前所未有。

话说在刚收到上述通知后，还有这么一段小插曲。

不难想象，在如此"晴天霹雳"下，社里的同事都闷闷不乐，不少人在下班后会去酒馆借酒浇愁，醉后絮絮叨叨，发发牢骚。我也想偶尔这样喝喝闷酒，于是跑到新宿黄金街去买个醉。

结果在酒馆待了几小时后，别说发牢骚了，我又像往常那样满嘴胡话地"侃大山"，俏皮话逗得自己都捧腹大笑。看来我这个人与负能量无缘，连喝闷酒都能喝出欢乐（笑）。

或许我天生就是乐天派，面对这种不如意的低潮期，我也没有去挣扎着改变现状，而是投身于兴趣爱好之中。那段时间，我迷上了象棋和网球。

先说象棋，当时集团公司里有好几名业余5段的高手，于是成立了象棋部。我当时刚取得业余2段资格，但却当上了部长。于是积极开展活动，包括组织对外比赛交流等。当时，在新宿的象棋中心，每周都会出现我的身影。

后来，我的水平已提升至能够参加同行业职工团体赛了。在武道馆与全国各地的业余高手切磋对决，这既让我紧张心跳，也让我感到无比幸福。

至于网球，我也对其倾注了热情。有整整 5 年，我每周都去网球培训班练习。

当时，荒川河岸边的东京健保合作社大宫运动场的网球场就是我们的主场。在夏天的休息日，上午整整打足 4 小时，下午人就累得不行了，不过我的身体应该是得到了锻炼。

跑题太多了，不好意思。总之，当时我不慌不忙、不焦不躁，将热情倾注于象棋和网球的做法，或许为我带来了好运。转机来自一本名为《20 岁必读书》的内部直销书，其原本是地方自治体用于成人仪式的纪念品，结果大受好评。于是集团公司让我们社改动其标题和装帧，面向各书店，正式作为市场书销售。

那一年是 1986 年。

这本改名为《青少年实用手册（常识篇）》的图书出版后，我们社都没做什么广告宣传，其销量就逐步上升。详情此处不赘述，总之，以该书为起点，我们打造了以《青少年实用手册》为主题的 25 本系列书，其总销量最终达到 300 万册。由于如此漂亮的系列书销售成绩，集团公司又让我们社走回了针对书店的市场化之路。

　　这或许也算是"过往皆善哉"吧。

第 2 章

能打动人的，唯有能量

一册书的能量可以改变人生

手中一册书的能量

2002年当上社长时，我向各方人士求教，希望知晓"企业经营最重要的是什么"。而不少经验丰富的企业经营者给我的答案是"现金流和经营理念"。

如前面所述，当时公司的财务状况极其严峻。自不必说，我首先开始重视起现金流。为了在两三年内摆脱困境、稳固根基，我四处奔走，筹措资金。此外，既然成了企业经营者，无论是业务观点还是决断内容方面，我都必须做出改变，跳出原来当编辑时的思路。而且纵观当时的出版业，其整体明显开始走下坡路，因此我认为应该从零开始思考问题。

然后是确立"经营理念"。为此，当时我让社里全体员工（将近40人）都停下手头工作，大家一起去热海的一家酒店开会。大家待在酒店里集中讨论，整整持续了3天。

一开始讨论的主题是"如何用一句话来描述现在的Sunmark 出版社"。以此为契机，公司成立了负责研究我们的企业 Logo 和理念的"CI 委员会"。

当时当场拍板定一句描述公司的语句自然也没问题，但我总觉得这事情不能急，应该付出耐心和时间。毕竟我们是出版社，是以创造语言内容为生的企业，对于描述我们组织自身的语句，我希望也能精益求精。于是我们一边咨询相关专家，一边耗费时间，认真琢磨。

就这样花了将近 1 年半的时间，我们社的核心价值理念终于诞生——"手中一册书的能量"。换言之，我们希望社里出版的每一册书，都能成为支撑读者的能量。这份心愿，就凝缩在了这句核心价值理念中。

在进入出版业后，有一件事曾一直让我反复思考。那就是"图书究竟是如何传播的"。

经过持续思考，我自己的结论是：书类似于能量体，其能量大小决定了其对读者的吸引程度。不同的书，会在读者不同的成长阶段中给予读者不同的能量，从而改变读者的人生。

"手中一册书的能量"，这正是我们社想向社会传达的讯息。为此，我们必须成为有能力创造能量、传播能量的企业。

口碑扩散是能量的传播现象

书的能量满盈自溢

图书这东西，基本是靠口碑热销的。即便时代在变，这点却不变。如今是网络社交媒体流行的时代，但人们口口相传的本质依然未变。"通过人来传播扩散"，这是图书的基本销售形态。

那么，"口碑扩散"具体指什么呢？

再强调一下，图书不单纯是物质化的存在，而是一种类似能量体的东西。读完一本书后，该书的能量就被该读者所吸收。至于口碑扩散，则是因为书的内在能量太大，读者无法把它憋在体内，忍不住以告诉别人的方式，把能量散发出去。

于是被告知者也去买了同样的书来读，将书中的能量吸收，结果同样因为能量太大而憋不住，进而再告诉别人……如此反复，就形成了口碑扩散。

换言之，所谓口碑扩散，即"图书能量的传播现象"。或许是惊奇，或许是感动，总之都是心情波动的传播现象。鉴于此，如何打造内在能量巨大的图书，就成了出版社的重要着眼点。这便是"书＝能量"论。

有意思的是，有的书虽然首印量并不多，但因为其蕴藏着让读者无法憋在体内的巨大能量，该能量满盈自溢，于是在读者中产生反响，持续热销。

我们社一般不会图书首印很多册数，因为这有悖常理。在我看来，这等于是让蹒跚学步的幼儿穿上校服，实属操之过急。

即便只登小广告，能量巨大的图书依然会激起反响

纵观出版界，有时能发现基于某种目的的购书现象。比如为了冲书店的销量排行榜，相关出版社大量购入某书。但我认为这种做法完全是不理解事物本质的体现，实在是令人遗憾。

前面提到，要让图书扩散传播，关键要遵循能量的传播规律。即便靠一时作假冲到销量排行榜，如果认为这样读者就会买单，那也太过愚昧了。与其在这种地方白费力气，不

如好好打造一本能量巨大的图书，通过口碑扩散，水到渠成地提升销量。

利用网络媒体大打广告的做法，如今也在出版业中日渐盛行。而在我看来，根本道理还是没变。利用网络手段让更多的人知道相关图书的存在，这的确是一种有效手段，也无可厚非，但关键问题在于，图书本身的内容是否过硬。若不重视和抓牢这一点，则有本末倒置之虞。换言之，要看书本身是否能引起读者口口相传的兴趣。

如果是真正内容过硬、能量巨大的图书，哪怕只登一个小广告，也会激起读者的反响。比如报纸的报道类文章下面的"全5段广告空间"（日本报社一般把报纸的一个版面分为15个段，对于刊登的广告，也是以"段"为单位来收费。——译者注），哪怕只在里面登个几厘米宽的豆腐块广告，只要图书本身能量巨大，书名精彩到位，也会博得读者的关注。

由此可见，所谓广告的作用，其实是在商品销售时予以一定的推力。如果这样的推力激起了更大的反响，便可配合图书的销售增量，进一步加大广告宣传的力度。

前面提到，书也是一种生命体，因此在"栽培"它时，要根据其不同的成长阶段，采取相应的措施。在其大幅生长发育时，就要花大力气栽培，促其产生巨大变化。

至此，我讲了不少"图书能量论"，仔细想来，或许整个自然界归根结底也是由能量所形成。

地球被太阳压倒性的质量（能量）优势所支配，因此绕着太阳转。同理，月球被地球的质量（能量）所束缚，因此绕着地球转。若以该角度观察世间万物万象，或许能有意想不到的有趣发现。

至此，我不知已经提了多少回"能量"，也许有读者会觉得我太啰唆和烦人。而就在不久前，从 20 岁起就相识的妻子在闲聊中对我说道：

"你这人在学生时代就整天'能量''能量'的，唠叨个不停。"

看来我这个人天生的体质就容易对能量有反应。从该意义层面来说，自己能成为出版人，从事现在的工作，真是莫大的幸运。

向天地自然之理学习

哪怕会大卖，也不出丑闻类图书

前面提到，在社内全体员工的努力下，诞生了我们社的核心价值理念——"手中一册书的能量"。而与此同时，我也在着手确立社里的经营理念。作为企业经营者，这事得由我自己来做。通过学习众多事例，花了将近 1 年半时间，我得出了我们社的经营理念"向天地自然之理学习"。

图书畅销与否，出版社事业顺利与否，乃至日本前途光明与否……这一切的一切，我认为都基于"天地自然之理"。我经常和员工们探讨这个话题，并彼此分享心得。

既然把"向天地自然之理学习"定为社里的经营理念，当然就不能做违背天地自然之理的事。从某种意义层面讲，该经营理念也指明了一种活法和原则。

具体来说，即判断据理，处事正直，出版给予读者干劲儿、鼓励和勇气的图书。

人生在世，无论是谁，都会体尝不少艰难困苦，因此我们社旨在出版给人以"慰藉"和"扶持"的书，从而成为社会所需要的出版社。

反之，哪怕销售前景再好，我们也不会出版充斥谎言、诽谤中伤的书，以及不讲原则地博人眼球的书。此外，前面亦提到，我们也不会去照搬照抄热销书。因为这些皆非合乎道理的正确之举。

比如有些炒作丑闻的图书也十分畅销。有些人可能觉得"作者和出版社都能赚钱，有啥不好"，但我不敢苟同。既然炒作丑闻，势必有当事人会受到伤害。

我感觉这样的书会产生"恶性波动"。依我个人之见，其扭曲事物正气，最终会给出版社造成负面影响。

不仅是图书，一切商品皆如此。一件商品，究竟会给出品公司带来好运，还是带来厄运，这是应该深思的问题。至于我们社，则希望出版能给社里带来好运的书。具体来说，就是让读者愈合创伤、打起精神、有所收获、自我变革的书。

在我看来，只要坚持出版这种真正利于读者、悦于读者的图书，长此以往，社里的业绩自然有所保障。反之，若不坚持原则，随波逐流，则员工也难以感受到工作的意义。

虽知失礼，但我还是想说，对于那些以追踪他人丑闻为生的人，我实在担心他们的面相变化。整日不审视自我，搜寻他人的缺点和丑事来卖钱。这样的人生，真的会美好吗？

这种行为，究竟能否为社会做出贡献？这样的人，是否真是社会所需要的？在我看来，这是每个人都必须深入思考的问题。

不打乱员工的生物节律

天地自然之理同样适用于营销发行方面。有的出版社在登载广告时，会虚报售出的图书册数，给人以"该书十分畅销"的假象。类似做法在出版界并不少见，但我们社从不这么做，对于图书售出的册数，一向做到实事求是。

对于书店发来的订单，我们社按照"实数出货"（按照书店方所希望的册数发货）的原则。一些出版社会对各书店设置"进货册数规则（比如每次进货不少于××册，或者进货数必须是 10 的整数倍之类。——译者注）"，导致书店和出版社之间成了一种"相互揣摩试探"的关系。我认为，设置"进货册数规则"的做法虽然表面上会增加出货量，但最终还是会带来负面影响。

在报税方面亦是如此，作为企业，我们社虽然也合理节税，但皆在合情合法的范围内，绝不会篡改账目、虚报隐瞒。

那么，在竭尽全力、顺应自然的基础上，又要如何做才能确保出成果呢？这是我接下来想探讨的问题。

这个问题同样存在于组织运营方面。在我看来，员工们不可能持续搞出一本本畅销书，也不可能一直创造出色的成果，而这很正常。任谁都有状态不佳的时候，一旦员工处于这样的状态，我觉得可以适当"减速"，工作不那么拼也没关系。

编辑亦有自己的生物节律，状态有时位于巅峰，有时位于低谷，这并不奇怪。鉴于此，我并不要求全体员工"必须一直保持巅峰状态"。正如自然之理，有的人当下工作发挥出色，有的人表现平平，有的人状态不佳。

有的人的巅峰状态较长，有的人的低谷状态较久。当然，如果员工过个 5 年 10 年依然工作不见起色，那我当然会头痛，但一般来说，身为企业经营者或组织管理人，我认为关键还是要保持耐心，等待员工"成长爆发点"的到来。

奇妙的是，有的编辑之前长年搞不出畅销书，却在某个节点突然迎来转机。而在这种情况下，我往往会有一种预感，觉得"要成事儿了"。而一旦做出了第一本畅销书，后面就会"接二连三"了。而且有时候，只要之前状态低迷的某名员工做出了畅销书，就会对其他同样状态低迷的员工产生影响，于是他们也做出了畅销书。

反之，有的编辑之前是"畅销书专业户"，却突然在某个节点表现不再那么活跃了。我觉得这是必须理解和接受的现实，毕竟每个人的生物节律都是不同的。

在我看来，企业的经营方法，乃至人的活法，归根结底，就是要遵循天地自然之理。假如违背它，则早晚会受到反噬。就好比勉强刷上去的油漆容易脱落一般，若仅仅为了博得旁人赞许，行事浮于表面，则毫无意义。

制定战略时基于"本色"

贯彻"本来应有的特质"

除"天地自然之理"外，还有一个词让我铭记于心，那就是"本色"。其意为"本来应有的特质"。

虽然这个词平时说话不常用，但人人都有自己的本色。若能在任何时候都保持本色而活，便能处事自然，除去压力。说得再简单点，也可以理解为"坚持做自己"。

尤其是"从零创造"的文化创意工作，"本色"更是不可或缺。不管是作者还是编辑，若不去深挖属于自己的本色，则一切都无从开始。

换言之，作者也好，编辑也好，都要找准自己的"本色"所在。而在成书的过程中，其各自本色的交汇和碰撞，便能使最终的"产品（图书）"拥有能量。

基于我的体验，我甚至认为，各个出版社肯定也有各个出版社的本色，若能将作者、编辑和出版社这三者的本色进行交汇和碰撞，则打造出的产品（图书）应该会拥有更大的能量。

对于一个人的本色，可以视其为一个人固有的优势，也可以视其为一个人最自然、平静和适应的状态。也正因为如此，我们必须更加关注它、思索它。

就拿编辑来说，每个编辑都有自己所擅长的领域、打下的基础和培养的关系网。既然其中包含自己的本色，则要珍视它、用好它。

反之，若无视本色，试图做一些与"原有特质"相悖之事，则势必不会顺利。我认为，所谓失败案例，往往是染指了与自身本色不符之事，且盲目用力过猛的结果。

前面提到，我不会去打乱社里编辑们的生物节律和"运气曲线"。从另一个角度讲，我也是希望他们重视各自的本色，并基于本色来做出判断，从而使出版社实现良性形态的运营。在该环境下，每名员工才能够发挥自身的本色和特长，社里才能打造出丰富多样的图书。

编辑有每年可以"自由出一本书"的特权

若顺应本色开展工作，就容易出成果。基于该观点，我们社设定了"编辑特权"。

说到策划选题,自然需要举行社内的选题论证会,在获得主编批准后方可推进。但在我们社,编辑有权每年"自由出一本书"。具体来说,就是当编辑强烈希望做一个选题时,哪怕不经选题论证会审议,哪怕未经主编批准,编辑也可以放手去做的特权。

比如我们社 2015 年出版的《在咖啡冷掉之前》(川口骏和著),大卖 85 万册,后来还被拍成电影,其实就是社里编辑池田琉璃子行使上述"编辑特权"的产物。

时间拨回到该书出版的 4 年前,当时的她偶尔和朋友一起去看川口骏和(该书作者)的舞台剧,由于太过感动,她当场号啕大哭,进而决心将该舞台剧变成小说出版。但小说并非我们社的强项,因此她在选题论证会上提出该选题时,被当时的主编否决了。

可她无论如何都想做这个选题,于是行使了编辑特权,然后向川口先生约稿。可川口先生是舞台剧剧作家和导演,并非小说家,因此完稿过程并不容易。中间历经数次讨论和修改,到最终完稿,已经耗费了 3 年时间。

在取得自己满意的结果之前,池田她一直保持着极大的耐心和毅力。在我看来,这正体现了她当年在该舞台剧中收获的感动之深，以及希望把这份感动分享给广大读者的殷切心愿。

而当最终完稿时，分管她的主编也换成了黑川精一。对于她凭借编辑特权完成的选题原稿，黑川予以批准出版。

《在咖啡冷掉之前》一书的主题是"后悔"，比如"当时这么做就好了""当时对那个人多说说这样的话就好了"……黑川的父母在 10 多年前就去世了，对于父母，据说他自己就有许多后悔之事。

他说，在审读该书原稿时，那些后悔的事都浮现了出来，但与此同时，自己也有一种被救赎的感觉。或许正是这种感觉，让他对该书有了信心，认为"许多读者大概也会有同感和共鸣"。

竟成为书店大奖的提名作品！

《在咖啡冷掉之前》一书首印 7000 册。当时池田认为"能加印 2 次就很满意了"，但嘴上还是吹牛说"要得书店大奖"。

"书店大奖"的授予对象是"最优秀的小说新刊"，由各书店的店员投票选定。其投票的判断基准包括"内容有趣""想推荐给读者""想摆在自己的店里售卖"等。在各类图书奖项中，该奖项是每年最受关注、最具反响的。

鉴于此，该奖项也是众多老牌文艺类出版社每年激烈角逐的最高荣誉之一。因此在业内人士看来，我们社的小说要想得这个奖，简直是"门外汉在痴人说梦"。

刚出版后，该书并没有什么大动静，但池田十分用心，自己亲手精心制作一件件宣传道具，道具是迷你画架和迷你黑板的套装，其十分到位地营造出了该书的"世界观"。这些手工制作的道具被送到各家书店，受到了店里的好评，而书的销量也在一点点地增加。

畅销的首个重大信号是东北地区书店的大量订单，于是黑川申请去东北地区的书店实地考察情况。我仔细一问，原来不光是黑川，包括池田以及 2 名负责发行宣传的员工，一共有 4 个人要去。

去书店考察要动用 4 个人，我觉得有点多了，但我推想黑川或许有他去的理由和目的，于是爽快地答应了。

对当地的书店而言，出版社从东京派 4 名员工特意来看看实地情况，如此兴师动众，书店方面对书的重视程度也会有所变化。这或许是黑川的打算，而其结果也的确如此——从那之后，来自书店的订单更多了。此外，通过这次出差考察，他们也发现，虽然东日本大地震已然过去许多年，但在作为受灾地的东北地区，人们的心灵创伤仍未愈合，而该书想传达的讯息，或许引起了当地人的共鸣。

之后，黑川他们还申请去广岛的书店考察，因为当地的许多人亦背负着"失去"的创伤。而此举似乎也一矢中的，广岛各书店开始发来大量订单。

总之，该书的热销模式较为罕见，属于"星星之火可以燎原，地方包围大城市"的特殊模式。

而在该书出版数月后，我感觉到它成为爆款的潜力，于是大力加印。而触发其成为爆款的"起爆剂"便是该书获得的书店大奖提名，以及后来被拍成电影。虽然没拿到书店大奖是个遗憾，但由于是提名作品，不少书店都把它摆在显眼的好位置。

正如我在本书开头所说，先要"有梦想"，而池田便践行了这点。假如她否定该书的潜力，认为"书店大奖是天方夜谭"，则该书或许就不会成为书店大奖提名作品。

也得益于被拍成电影，《在咖啡冷掉之前》成为长销之作，在日本累计售出85万册。不仅如此，其在海外也成了话题之作。先是在中国台湾地区销量破10万册，之后又将近半年占据英国文艺类引进版图书销量榜首位……

从小学 3 年级起，每年看 300 册小说的编辑

在《在咖啡冷掉之前》取得成功后，黑川和池田开始在社内举办文艺类图书学习会，彻底研究小说的标题、类型、腰封和广告宣传方式等。对于文艺类图书，不少书店按照作者姓名首字母排序摆放。《在咖啡冷掉之前》的作者川口骏和的姓名首字母在日语中是"Ka"，因此他们对书店里其他以"Ka"为作者姓名首字母的作品进行了详细调查，包括书的内容和风格等。

前面介绍了池田亲身制作的宣传道具，而后来我从黑川那里得知，为了推销和宣传该书，池田想到的手段不下 100 种。看来，她也认为"既然要做，就做到极致"，结果也的确漂亮地完成了任务。据说，就连"寄宣传道具"这种看似微不足道的作业，她都会认真思考该使用哪个时间段的快递，才能让各地的市场负责人方便收货和摆放。

而过了很久之后我才知道，对池田而言，其实小说正是她的"本色"。虽然《在咖啡冷掉之前》是她负责的第一个小说类选题，但她本人早就是一个小说的"狂热爱好者"。据说她从小学 3 年级起就开始看小说，每年居然平均要看300 册，且持续至今。

我偶尔有机会与她母亲见面，在谈话中才得知上述信息。她母亲还说，从孩提时起，只要开始看小说，任谁叫她都没反应，而直到最近，终于才明白这是过于专注而听不到周围人讲话的缘故。

在池田打造出《在咖啡冷掉之前》后，我才得知这一切，也终于知晓她的本色所在。在那之前，她也搞出过几本商业类和励志类的畅销书，但火爆程度皆不及该书。85万册的成绩，当然归功于她的拼命努力，但在我看来，"顺应本色"是更为根本的原因。

《难以说出口的"自杀"》

在我们社2002年出版的销量超10万册的畅销书中，有一本名为《难以说出口的"自杀"》（自杀者遗族编辑委员会、Ashinaga育英会编）。该书以受到Ashinaga育英会援助的13名自杀者遗族为对象，记述了他们的亲身经历。他们之中有的是大学生，有的是职高技校生。该书的编辑是铃木七冲，他后来曾成功打造出《"原因"与"结果"的法则》和绘本《生命的祭典》等畅销和长销书。不少读者在看了《难以说出口的"自杀"》后，打消了自杀的念头，选择了新的人生起点，这使该书成为话题之作。

该书在出版后，我一直怀着复杂的心情，关注着其销售动向。

因为其实我也是自杀者遗族，在我小学 5 年级时，家里的二哥自杀身亡。他当时是大学文学系的学生。

看起来似乎一直活得无忧无虑的二哥，有一天突然自绝性命。由于他生前没有留下遗书，也没有向朋友倾诉，因此他自杀的原因无从得知，这更加重了我们家失去他的痛苦。

即便对我这个当时只有 11 岁的小孩子来说，这也是每次想起都会让人痛苦嘶吼的噩耗。而住在附近的坏孩子们因此事对我的嘲笑，也令我感到心烦气躁。虽然嘲笑者随着时间过去会遗忘一切，但作为被嘲笑者，阴影却难以抹去。

在二哥逝去的 3 年后，当时在上初中 2 年级的我，被一本书所打动。我至今依然记得很清楚，那本书是罗曼·罗兰的《约翰·克利斯朵夫》。我当时看的版本出自河出书房新社的格林版世界文学全集，我还记得《约翰·克利斯朵夫》每页两段竖排，一共 3 卷。据说其以贝多芬为人物原型，属于成长教育小说，其描绘了背负残酷命运的主人公，如何步步向前、获得成长的故事。

书中有这么一则故事。

当时还未成为音乐家的主人公生活窘困，他的老师带他去欣赏歌剧。歌剧十分精彩，令他极为感动。从那之后，作为他学习音乐的褒奖，老师经常带他去歌剧院。对此，他说道：

"在欣赏完歌剧后的一周内，整个上半周，我都沉浸在对该歌剧的感动中；整个下半周，我的脑子里都是对下一场歌剧的期待。"

我看这本书已经是半个世纪前的事情了，但对这句话，我依然印象深刻。

这句话多么美妙。如果能以这样的态度面对人生，应该能撑过大多数风浪。

以上述引用的内容为代表，《约翰·克利斯朵夫》整本书都贯穿了作者这种积极向上的观点和思维方式，因此给予了读者无限的力量。

看了该书后，由于二哥自杀而一直郁结在心中的阴霾开始变淡。与此同时，"要像书中主人公那样积极活着"的意念在我心中涌动。可谓强烈鲜明的阅读体验。

说回刚才提到的《难以说出口的"自杀"》，该书的出版年份正好是我就任社长那一年，而即便在那时，对于二哥的死，我依然像该书的标题一样，难以说出口是"自杀"。之后又过了 10 多年，等我都 65 岁了，我才做到能够平静自然地提起二哥自杀一事。

或许不管是何种心灵创伤，其愈合都需要极为漫长的时间吧。

再说回本色，我少年时代的这段经历，在我高考复读时修改志愿和毕业后择业等关键时刻，或许都在潜意识层面发挥作用，引导我做出了抉择。

而出版给人以干劲、鼓励和慰藉的图书，这也许就渐渐成了我这个人的本色所在。

打造陪伴读者渡过艰难困苦的图书

看了 2 万多张读书卡后，重新获得的认识

我们社出版了许多与"活法"和"身心"有关的图书。在其过程中，我深切感到"众人皆烦恼"。

我打心里产生这种认识的契机，便是《脑内革命》一书。我一直有阅览读书卡的习惯。读者在图书中卡片上写下感想，并将卡片寄回社里。而对我而言，看这些读书卡的内容，是让人期待且快乐的事情。一般来说，在售出的书中，平均每200册会有1张读书卡反馈。由于《脑内革命》当时是热销410万册的畅销书，因此与之相关的读书卡，我应该看了2万多张。

《脑内革命》通过大量病例，阐述了"保持心情平静，采取正面思维"的重要性，因为一旦做到这点，就会激发脑啡肽分泌，从而促进健康。因此，不少读者在读书卡中都提到"看了这本书后，自己的烦恼消除了""我学会正面思考

问题了，这真太好了"……

而通过这些读书卡，我也重新认识到一个事实——人们被各种烦恼所困。随便观察下路人，看到他们似乎若无其事地走着，仅此而已。但旁人又怎么知道，其实他们抱有各自的烦恼。

我先前也不曾认识到这一点，但在看了大量的读书卡后，刷新了我的认知。虽说有点后知后觉，但我现在明白，路上的行人们，皆有各自深深的烦恼。

哪怕不为自己的身心烦恼，也会有来自外部的烦恼，比如照顾亲人的烦恼、子女前途的烦恼，诸多烦恼，延绵不尽。对我而言，这种认识和体会并非单纯是头脑的理解，那段时间，我每周都要看 300 多张读书卡，因此感受颇深。

与此同时，我觉得应该多出版这些读者所需要的书，即促使他们勇敢努力向前的书，陪伴他们渡过艰难困苦的书。

高中生购买《我知道你在想什么：读心术的秘密》所释放的信号

我们社 2011 年出版的《我知道你在想什么：读心术的秘密》（托尔斯丹·哈维纳著）原本是以商务人士为目标人群

的图书。但在出版后，其热销程度远远超过了一般的经管类商业图书，那么究竟是哪些读者在购买呢？

关于此，有一个代表性的小故事。在一个车站区域内的书店里，有3名女高中生一边站着翻这本书，一边在闲聊。突然，其中一人说"我要买这本书"，于是其他二人也跟着买了。

考虑到她们的零花钱数额，这本定价1500日元的书绝对不算便宜，但她们毅然决定买下。

我本以为"读心术"这样的书名只会引起商务人士等成年人的兴趣，没想到居然在女高中生中亦引起反响。在旁人看来，她们似乎是无忧无虑、物质丰富的一代，但其实她们十分在意别人的眼光。

"虽然朋友嘴上这么说，但搞不好是口是心非……"有时候，她们或许不得不陷入类似的沉思。这也让我对年轻一代有了新的认识——年轻人的世界，比我们想象的要更为艰难和残酷。也正因为如此，面对该书在年轻读者中受欢迎的现象，我无法单纯地感到欣喜，而是心生一种复杂的感受。

文化产业皆是"多产多夭"

多数消亡是宿命

图书、音乐、电影，乃至电子游戏等，但凡属于文化、内容产业的东西，皆有一个宿命，那就是"多产多夭"。

大量产出，大量消亡。不仅不可能每件作品都大卖，甚至可以说大卖的反而是凤毛麟角，大多数都逃不过消亡的命运。

也可以说正因为有大量产出，才会诞生大卖之作。倘若害怕多产多夭，试图通过采取"少量战略"来打造大卖之作，其实很难行得通。

着眼于多产多夭中"夭"的部分，完善相应的风险管理，这的确也是很重要的理念，但至于消费者是否能接受，则又另当别论了。在我看来，"多产多夭"的宿命怎么都是绕不开的。

我认为，既然从事文化产业，唯有在多产多夭的现实情况下，下决心确保一定的产出量。

而也正因为多产多夭，一旦发现有可能大卖的作品，就要毅然下本钱投资。作品问世后，就会有各方面的市场反馈，对此要保持敏感，积极接收相关信号，从而迅速地做出反应。

长此以往，便能提升对征兆和变化的敏感度，相关的"感知能力"便会发挥作用。而一旦发现积极征兆，就要积极行动。在我看来，唯有做到这点，才能在文化产业的竞争中发挥优势。

我们社过去的畅销书皆是如此——我一旦感觉"有戏"，就会毫不犹豫地积极宣传推广。比如前面提到的日本电车（电气铁路列车）车门旁墙面的广告海报，在出版界，我们社是第一个尝试的。而这便是将少数机遇的效果"最大化"的营销手段之一。

在文化产业中，只有极少数作品能实现大卖和广泛传播，因此一旦感觉某个作品具备潜力，就必须尽量花费精力和财力去"栽培"它。不要被先例所束缚，要大胆尝试。唯有如此，方能求变。

踏实分析、发现征兆

比如要在报纸上为图书打个大广告，占满版面上的"全5 段广告空间"。是不是所有书的广告效果都一样呢？答案当然是否定的。不同的书之间，其实际效果差的不是 2 倍 3 倍，而是 5 倍 10 倍，有时甚至是 100 倍。

我们社制作部每月都会制作收支表，包括广告费在内，且会精确到每样道具和项目。通过收支表，会发现有的书算上广告成本后居然都出现赤字了。也正因为如此，我们社的责编一般不会主动要求加大某本书的广告宣传力度。

换言之，在对图书的广告宣传方面，我们社里的员工们拥有共通的认识——图书的推广力度要与图书的成长步调一致，否则好比是让蹒跚学步的幼儿穿上校服。

在广告宣传方面，我们社或许给人以"大手笔"的印象，但其实只有对显现积极征兆的潜力图书，我们才会下血本打广告。这样的积极征兆既潜藏在每天的图书销售情况之中，也蕴藏在读者的反响反馈之中。而要想切实发现它、抓住它，一步一个脚印的踏实分析自然不可或缺。

出版业的不景气由来已久，而如今，整个文化产业都可谓形势严峻。以智能手机为代表的便携设备正在和各种媒体争夺消费者的时间，导致大卖的作品更难问世。这不仅限于出版业，电视收视率的低迷等也如实反映了该问题。

换言之，价值观趋于多样，人们的娱乐手段也趋于多元。但这并不意味着出版业只能坐以待毙，身为出版人，唯有执着追求当前环境下的"最完美"。

关键要创造前所未有的新价值，并对看准的作品不惜成本，大力栽培。即在充分认识文化产业宿命的同时，基于全球视野，努力打造爆点内容。在我看来，这种"勇于挑战爆点内容"的势头日渐式微，才是使出版业陷入萧条的恶性循环的主要原因之一。

作者是否拥有超群的优势？

"优势"是选拔作者和编辑的标准

若想打造出拥有强大能量的图书，关键在于作者是否具备强大能量。

对作者而言，自己的著作正可谓"分身"。自己的人生积累和阅历，都会在其作品中如实展现，也必须在其作品中如实展现。

经常有企业家和个体经营者找到我们社，商讨出书事宜。而我每次都会答复道："在讨论选题计划之前，作者必须在自己的领域和岗位创造过出类拔萃的压倒性成果。若没有这样的先决条件，选题便无从谈起。"

当然，听话者完全可以将这番话"原样奉还"，因此作为编辑，也必须有这样的觉悟。换言之，编辑也必须有他人所不具备的"超群的优势"，否则无法在业内立足。

鉴于此，我认为作者也必须精心挑选编辑。人们常说

"找医生和律师，必须选对人"，在我看来，还可以把编辑也加进去。正如我在前面所述，100个编辑会做出100种风格的书。

所以说，即便是同一个选题，编辑A提出后得到了编辑部的批准，编辑B提出后却被编辑部否决。这样的事情，实际上是可能发生的。

编辑A和编辑B拥有各自的经验和业绩，于是也有各自的"风格"。这种"风格"是以各自的工作业绩和优势为基础的。而一旦编辑提出一个与自身"风格"不符的选题，周围人便会评价道："这与（你的）风格不符啊。"

因此，作者计划出书时，责编的"风格"，或者说"超群的优势"，便显得极为重要。如果选题本身很好，但与责编的"风格"不符，则选题就有可能无果而终。所以说，必须认真挑选编辑。

总之，不管是作者还是编辑，既在选别人，也在被人选。唯有提升自身优势，方能在激烈竞争中胜出。

不做"女性之友",销量便难以增加

希望男性编辑也能有一半"女性特质"

我认为,图书要大卖,其无可置疑的重要条件之一是"受到女性读者的支持"。一本书能否获得女性读者的青睐,其实十分关键。

换言之,如果一本书拥有"受到女性读者支持"的苗头,则其便拥有较大的畅销潜力。对此,我有一段难以忘却的亲身经历。

第一章提到的引进版图书《别为小事抓狂》,起初我们社认为,这本励志类图书的目标人群是男性商务人士。

而该书出版后,发现位于东京惠比寿和大井町的有邻堂书店的销量特别亮眼。这两家书店都开在车站内,光顾的客人以女性居多。换言之,在检验图书是否受到女性读者支持方面,它们具有标志性的采样作用。

在得知这突如其来的巨大反响后,我感觉这是可以向女性读者推荐的书，或许销量还能往上冲。当然，对于该动向，其他书店也有所察觉。当时，有一家大牌书店找到我们社，说想对该书进行大力的营销宣传。

于是乎，从出版当月的500册，到下个月的830册，再到下下个月的1050册，该书在各书店的销量逐月增长。而前面也已经提到，我当时几乎在无意识的情况下，在工作日记本上写下了"该书会成为百万级畅销书"的"预言"。

不仅限于该书，《不生病的活法》也好，《活法》也好，许多书一旦销量突破30万册，其女性读者的比例便会提高，然后在高中生、初中生等更为年轻的读者群中引起反响。

就拿《活法》来说，起初购买它的读者中，企业经营者和干部等男性占了绝大多数，可随着销量一路走高，读者中的女性比例开始增加，如今已高达四成。而我们社后来出版的稻盛先生的《心：稻盛和夫的一生嘱托》，其在出版后的9个月内热销18万册。而根据销售数据，读者中的七成是女性。这让我再次认识到，图书畅销与否的命门，果然掌握在女性读者手中。

究其原因，我认为是"女性原本就比男性优秀"。这并非对女性的奉承，只是我自己得出的个人看法而已。在我看来，女性拥有"孕育后代的能力"，使其对于世间变化和社会动向更为敏感。由于这种特质不基于逻辑推理，而是源于直觉感觉，因此能够接收各种潜在信号，从而更能把握事物的本质。

鉴于此，"能否获得女性读者的支持""能获得何种程度的支持"一直是我们社所重视的问题。从书名、装帧到排版，我们都一直关注女性读者的喜好，力求打造出让女性读者愿意在书店中拿起翻阅，乃至买单的图书。

我经常说，希望男性编辑也能有一半"女性特质"。实际上，在我们社的男性"畅销书专业户"中，有不少具备女性特质。比如敏锐的感受力、对他人的体谅理解、对信息潮流的高敏感度、优秀的口碑传播力等。而这些也都是编辑所必须具备的特质。

反之，对于女性编辑，最好也能对男性的想法和意识有所了解。如此一来，便能在工作中做到"跨越性别壁垒"，拓展自身的可能性。

能作为探望病人礼物的图书

热销图书的 5 大共通要素

由于长年从事出版业工作，可能有人会认为我找到了类似"畅销书方程式"的秘诀。很遗憾，通过在业内多年的摸爬滚打，我最终确信，这种秘诀类的东西，根本就不存在。

但另一方面，凡是热销图书，确有其共通要素。我认为其大致可分为 5 大要素。

其一是"书名惊人"。读者们一直在追求前所未有的新事物，即追求"惊奇的刺激"。对于"似乎之前见过"的老事物，自然没有兴趣去看。

书名拥有能"惊到读者"的亮点，能让读者从书名中感受到"新的价值"……这是定书名的关键所在。对此，我还会在下面一章进行深入分析。

其二是"关乎身心治愈及健康"。正如前面所述，如今许多人抱有烦恼，且身体疲乏。

"读了这本书后，感觉获得了慰藉""这本书改变了我的体形，让我重拾自信"……能获得这种读者反馈的图书，其销售前景自然不会差。换言之，关注读者身心方面的烦恼，并给予建议和帮助的书，其市场需求量依然庞大。

其三是"改变读者自身"。对编辑而言，在选题策划阶段，自然是认为相关选题拥有社会效益，且能让读者产生共鸣，所以才会决定将其成书的。

但在现实中，有不少书虽然是好书，但读者却不买账。究其原因，书的内容虽然也算不错，但往往并未达到"能够改变读者自身"的程度。

这番话或许有傲慢之嫌，但亦是对我自身的告诫和鞭策。其实我自己就屡屡犯下类似错误，且一直不长记性，至今仍是如此。

其四是"着眼农村市场"。编辑往往倾向于"城市""都会"，立志于打造"有品位""高大上"的图书。但只要认真思考一下就会发现，无论是日本还是美国，虽然许多人聚集在大城市，但小城市和农村人口依然占压倒性优势。

正因为如此，与首都和大城市相比，地方城市和农村的图书销售情况可谓意义重大。"这本书能在农村卖得好吗？"这样的发问，其实值得重视。

其五是"受到女性读者的支持"。这一点在前面已有所阐述，此处再多分析几句。男性读者在看了一本好书后，会感叹"真是好书啊"，但往往止于此。

而若是女性读者，则往往会向周围人推荐"这真是好书啊"。换言之，男女的传播力量截然不同。女性读者拥有比男性读者强数倍的传播力，自然可谓出版社的贵人。

上述便是热销图书的 5 大共通要素，而若将它们进行综合，便能得出一句归纳性的结论。那就是：

"能作为探望病人礼物的图书"。

在去医院探望病人，如果要买本书作为礼物，其选择难度其实非常大。内容太难不行，页数太多不行，书本太重不行，主题基调负面和灰暗的更不行……

换言之，给人打气、让人开朗，且页数不多的书，则是适合作为探望病人礼物的图书。

2010 年的东京国际书展，我受邀前去书展的研讨会上做演讲。其间，我便讲到了"能作为探望病人礼物的图书"的话题。当时正是 98 岁高龄的柴田丰老人的处女诗集《请不要灰心呀！》（飞鸟新社）开始热销的时期。

该诗集在出版后的数月内便突破了 20 万册的销量，我感觉这正是"能作为探望病人礼物的图书"的优秀典型，于是在演讲时断言"到今年年底，该诗集的销量应该还会有一个飞跃，最后实现百万销量"。结果，在不久之后，NHK电视台便对该诗集进行了宣传报道，进一步点燃了其人气，到了第二年年初，其便成了百万级畅销书。

虽然这事完全地被我言中，但那年我们社的业绩并不十分理想。社里员工对我说："社长，您别预言别家出版社的图书销量了，想办法好好打造咱们社自己的畅销书啊。"这番来自员工的叱责，也算是我的苦涩回忆之一。

竭力提高累计销量

思考从"100万册"到"110万册"的价值

前面提到,文化产业是"多产多夭",必须不断出新。话虽如此,但这并非意味着只能靠"出新"来实现畅销。作为在残酷竞争中生存下来的手段之一,"进一步提升既有畅销书的累计销量"其实是不少人容易忽视的盲点。

"竭力提高累计销量"是我长年以来的工作着眼点之一。我经常向员工们强调,从0开始打造一本销量10万册的图书也好,努力将已经卖出100万册的图书的销量提升至110万册也好,二者的销售业绩成果都是10万册。

很显然,从0开始打造一本销量达10万册的新书并不容易。与之相对,要让一本已经卖出100万册的畅销书再多卖出10万册,只要认真下功夫,其实并没有那么难。而且后者为社里所创造的价值要大于前者。

我经常说,加印5万册,比得上新出10本书。因为加印 5 万册的利润更高。

这个道理应该不仅适用于图书，其他商品亦是如此。推出高人气的新品固然重要，但更重要的是竭力提高既有人气产品的累计销量。换言之，关键要具备这种"充分发掘既有产品潜力"的战略意识。

这种意识的有无和强弱，直接关系到既有人气产品能否进一步提升销量。

鉴于此，在图书出版后，应该仔细在书店和电商平台观察该书的销售动向，掌握其脉搏。有时甚至要每隔 1 小时查看一次，及时审视相关数据和现象。换言之，要一边实时监控销售第一线的反应，一边让自己察觉征兆和变化的"直觉神经"全速开动。而一旦发现了热销的苗头，就要认真对其进行"栽培"。

长销产品是企业之宝

发售日可设定多个

对从事出版业经营的人而言，最害怕的是退货。如果书店进货时答应"买断包销"，那自然不成问题，但通常都是采取"委托销售"的形式，进货量也是书店的"预估"，假如卖不出去，书就会被退回来。

因此甚至有个"如何杀死一个出版社社长"的说法——根本不需要用刀用剑，只要天天在社长耳边念叨"退货""退货"，就能让其送命。杂志主编，同时也是《不懂女人你怎么生活》一书的作者樱井秀勋先生曾对我说：

"植木先生，（图书）退货来的时候，就像蛆虫涌出来一样。"

作为出版业资深人士，他的话有很强的现实感。书店很少会发订单来要 10 年前出版的书，但把 10 年前进的书退回来却并不罕见。即便出版社很不情愿，要退的书还是会退回来。

但既然这是无可奈何的事，不如就势转变思维，打造10年后依然有人买的图书。

再说得直接一点，在做书阶段，就应该拥有"打造长销图书"的意识。在企业经营层面，"长销"亦极为重要。如果一个出版社不断打造和积累长销书，则其经营状况自然会非常稳定。

其实，当年在我就任社长时甚至认为，一个社所拥有的长销书数量，从根本上决定了其生死。我希望我们社给人以"善于打造长销书"的印象，也希望全体员工都能具备这种意识。

说到畅销书，人们往往倾向于只关注其售出的册数，但若不能长销，则净消化率（售出册数／印数）便不会理想。诸如"印了100万册，卖剩下30万册"的极端情况亦可能发生。

而长销书由于能不断收获新读者，因此不用担心库存负担。我们Sunmark社的不少百万级畅销书都能达到95%以上的净消化率，这在行业内可谓惊人的成绩。这既得益于把书视为"生命体"而不断倾听其"气息脉搏"的理念策略，也归功于社里从选题策划到销售发行都具备"打造长销书"的思想意识。

以《脑内革命》为例，其于 1995 年 6 月出版，但销量爆点却出现在第二年，并持续热销两年多。而《别为小事抓狂》也类似，其连续两年保持日本国内年度畅销书榜前 10 位。

此外，《不生病的活法》也是在出版 1 年后达到百万册的销量。而《模特都在偷偷练！美体重塑》哪怕在出版 3 年后的现在，其依然在一些书店享受着"堆放式陈列"的待遇。在新书层出不穷的"减肥美体类图书"中，这实属罕见案例。

而我们社 2003 年出版的《"原因"与"结果"的法则》，至今依然在再版加印，不断受到新读者的青睐。

看来，我们社"力求打造长销书"的热情和精神，似乎也感染了书店和读者。

换言之，图书销量固然重要，但"是否长销"亦是出版社值得重视的问题。有一次，我向出版行业专业报刊《新文化》的社长丸岛基和先生提到这个观点时，他说道：

"植木先生，不少出版人误以为图书的发售日只有一个，其实并非如此。如果一本书由于电视台的报道宣传而出现销售高潮，则大可视其为第二个发售日；如果它又因为得到名人推荐而再次出现销售高潮，则大可视其为第三个发售日。"

他这番话让我醍醐灌顶。对于长销书，原来大可设定多个发售日。想想也是，一本书哪怕出版多年，对读者而言，第一次邂逅它的日子就是其心中的发售日，这合情合理。

在第1个发售日未能吸引到的读者，在第2个发售日也许就吸引到了。每个读者的想法都在变化，且读者人群本身也在循环。丸岛先生的话加深了我的理解和信心，自那以后，我基于"第二、第三发售日"的理念，更加着力于打造长销书。

怀揣强烈的"百万级"愿望，并使其实现

"隐性知识"能提升工作效率和质量

百万级畅销书也好，人气图书也好，并不是能靠编辑单独打造的。团队协作和其他部门的力量亦不可或缺。实际上，纵观我们社的 8 本百万级畅销书，无论在制作部还是发行部，所有悉数经手的员工知道在合适的时候采取合适的行动。各部门都有这样的关键性人物，是一个社的重要优势所在。大家是否彼此配合默契，做到心照不宣。在许多时候，这便是决定胜负的关键。

如果这种心照不宣能波及合作供应商，那就更谢天谢地了。对于百万级畅销书，有时一加印就是 10 万、20 万册，且往往需要"加急"。

有一次，台风灾害导致日本国内各大造纸工厂停业。由于它们是生产印刷用纸的主力军，因此也会对我们社的纸张供应商带来致命影响。幸运的是，我们社的纸张供应商负责

人先知先觉，预判"我们社有图书会再版加印"，于是早就想办法从全国调度了足够的印刷用纸供我们社使用，最终使加印顺利实现。正因为如此，我经常告诫自己，不可忘记百万级畅销书是多方协作、步步积累的成果，当然也包括印厂和装订厂在内。

如今"从线下移至线上"的大潮席卷而来，使得出版社的合作供应商和书店似乎趋于颓势。但能让加印10万多册的书在短短数日内在全国完成铺货的，唯有合作供应商；而能让铺货完毕的书立刻摆放陈列的，唯有各家书店。这实在是了不起的工作。毫无疑问，出版社能创造成果，完全得益于这样的恩惠。

纵观合作供应商和书店的相关负责人，与他们的交流似乎也不止于冷冰冰的数字，而是有心照不宣的沟通。具体来说，他们亦会持续关注图书的销售情况和市场反馈，从而"预测下一阶段"。奇妙的是，这种做法会急速提升工作效率。

鉴于此，一旦图书产生热销爆点，在判断其销售数字的变化和所处阶段的前提下，需要无缝开展加印决策、宣传推广、与书店及合作供应商沟通等一系列的工作。对出版社而言，尤其希望书店及合作供应商也能具备和发挥其优势，从而帮助出版社迅速到位地将图书送到目标读者触手可得之处。总之，出版社、书店以及合作供应商都要在平日里时刻感知相关数字和读者的"热情"，进而勤于应对。这听来稀松平常，但正是出成果的唯一途径。

打造百万级畅销书的"方程式"并不存在

要想打造一本百万级畅销书，还必须博得命运女神的微笑。前面介绍了热销图书的共通要素，但并不意味着只要在选题、原稿、装帧等方面彻底满足这些要素就万事大吉，因为它们归根结底只是必要条件而已。

要想达成充分必要条件，还需要"某些东西"。如果缺少这东西，命运女神便不会露出微笑。

那么问题来了，"某些东西"究竟是什么东西？在我看来，它是一种"模糊的东西"。其"模糊性"既是关键要素，也是奇妙之处。由于其模糊且难以捉摸，因此上述必要条件的到位程度便成了前提。通过努力实现必要条件，便能尽量接近充分必要条件。

进一步来说，对于这种"模糊的东西"要有敬畏之心，不可摆出一副"很清楚它是什么"的样子。在我看来，因为其关乎"生命体"的诞生，所以"自以为明白"的傲慢态度等于是一种亵渎。

由此可见，根本不可能按照"A×B=C"这样的算式导出百万级畅销书。这既不现实，也违背天地自然之理。

或许这种"模糊的东西"还包括时间和时机。纵观我们社既有的百万级畅销书，有的假若早出版半年或者晚出版半年，也许就达不成百万销量了。换言之，书也有"书运"，"出版时机是否得当"也是书运之一。

我已反复提到，打造百万级畅销书的"方程式"并不存在。每本书都是"生命体"，都有其自己的成长阶段，因此我经常对员工强调，"决策要与图书的成长阶段相符"。

鉴于此，在一本书处于急速成长阶段时，就要毫不犹豫地下血本栽培。要审视时机、不惧失败、果断出手。

还是以《脑内革命》为例，在其销量破百万册后，我实施了每三四个月就加印100万册的计划，这可谓疯狂。但正因为这样的疯狂决断，该书最终才能达成410万册的销量。

当时，每过一段时间，电视和报纸就会有关于《脑内革命》一书的报道，每次都会再度引爆销售。而我一边"监测"该书在各个阶段的能量，一边为了避免缺货而大胆加印。如此反复，最终产生了不得了的结果。我当时还只是主编，因此非常感谢社里这种"让员工放手去干"的企业文化。

向业内前辈学习

对于"让员工放手去干"这一点，其实中小企业更易实行，机遇相对也更多。假如组织规模过于庞大，则审批等过程自然会变长，从而有可能错失时机。

其实，就在《脑内革命》出版前，有一本席卷了整个出版界、最终销量突破 200 万册的书，它就是俵万智女士所著的《沙拉纪念日》（河出书房新社）。

对于这本百万级畅销书，出版行业专业报刊《新文化》当时以《"沙拉"为何畅销？！卖出 200 万册的机理所在》为题，从 1988 年 6 月至 1989 年 3 月，刊登了共计 22 回的超长连载文章。

为了分析一本畅销书，花费如此长的篇幅，倾注如此多的热情，这是我前所未见的。文章内容引人入胜且颇具参考价值。对于觉得特别精彩的几回连载，我甚至会复印收藏。

尤其让我钦佩的是《沙拉纪念日》的出版方河出书房新社，其毫无保留地将该书的诞生过程等内部细节和盘托出，甚至让我觉得"如此公开真的没关系吗"，可谓业界良心。

其具体内容包括读者中的女性比例、对意见领袖的赠书经过、利用地方报纸宣传推广的手段……我一边认真研读，一边惊叹这毫无保留之举。

而《脑内革命》出版后2个月左右，其销量刚超过15万册时，我突然想起上述连载文章。于是拜托当时刚入职的齐藤龙哉去趟图书馆，把该连载文章的所有文章都复印一份拿回来。

把它们重新通读了一遍后，我觉得有些内容十分值得参考，有些内容必须和社内同事们分享。可当时《脑内革命》刚卖出15万多册，突然拿着分析卖出200万册的畅销书的文章说事，同事们恐怕会觉得我"脑子进水了"，于是暂时作罢，姑且将它们收在了柜子里。

半年后，当《脑内革命》销量破60万册时，我把它们拿出来分享给了发行部。《脑内革命》之所以最终能成为销量破400万册的畅销书，该连载文章功不可没。

此外，前面提到畅销书《模特都在偷偷练！美体重塑》当年上了人气综艺节目《中居正广致星期五的微笑》。而在那一期节目播放前，我去向一位老友咨询，他是出版社的社长，他们社也有书上过《中居正广致星期五的微笑》，且最后成为百万级畅销书。我之所以去找他，就是想知道该综艺节目能对图书销售有多大的影响。

　　结果他毫不犹豫地告诉我具体数字，介绍各种细节。多亏了他的指教，在介绍《模特都在偷偷练！美体重塑》的那期《中居正广致星期五的微笑》播放当日，我们社各部门都做好了充分准备，应对节目播放后可能暴增的订单。这种超越公司泾渭，共享成功经验的善举，能使整个出版业兴旺发达。为报刊《新文化》上的那篇超长连载文章提供协助的河出书房新社也好，我的那位老友也好，都体现了这种精神。

　　在我看来，各种人所提供的无形的帮助和支持，亦是"女神的微笑"。

美在混乱波动中

波澜不惊的绝对和谐缺乏创造力

人们常说，人脸并非左右对称，而是左右微妙不同，而正是这种微妙的"失衡"，反而加强了人脸的魅力和美感。

在我看来，同样的理论也适用于图书装帧和选题策划。稀松平常、波澜不惊的绝对和谐难以出新。这样的理念或许与前面论及的"下一本畅销书就在'稀奇古怪之物'中"彼此相通。

这样的思维方式，其实适用于各个方面。

比如，对于入职我们社的新人，我们会要求他们阅读我们社自己出的书，并写读书笔记。规定应届毕业生要看100本，已有工作经验的要看50本。至于读书笔记，对于其篇幅页数和具体内容并无特别规定。

这项作业非常费时，而且还出乎意料地费力。也正因为如此，每个人交上来的读书笔记都鲜明地反映了其性格特征。

有的人的读书笔记篇篇"比例均匀"，感觉这个人连文章行数都想每篇一致。不是说这样一定不好，但我们的初衷并非想让新人们执着于这种一板一眼的形式。

与大学生的毕业论文不同，我们社之所以要求他们写读书笔记，是希望他们以"专业出版人"或"未来的专业出版人"的立场，展示自己今后的"着力点"。即便内容存在混乱波动，也有可能转化为打破成规的优势和"稀有之美"。换言之，我们希望能在新人的读书笔记中发现这类东西。

稍微跑题一下，我们社一直在出版与"精神灵性"领域相关的图书。该领域可谓玉石混杂，存在不少"冒牌货"，因此必须慎重鉴别对象，正可谓对眼力的考验。

幸运的是，在过去 10 年间，人们对于"精神灵性"的看法有了很大转变。"对于事实客观接受"的理念正在普及。

该领域也是经常挑起"科学抑或非科学之争"的热点。而必须注意的是，不少在 30 年前被认为是"科学"的东西或理论，如今却被判明为"非科学"。反过来的例子亦不胜枚举。

换言之，对"科学"这一判断词，有必要改为"目前被认为是科学"。令人遗憾的是，不管在哪个时代，以"当代科学"这样的主流思想评判事物或理论时，其给予评判对象的时间常常太短太仓促。若仅仅以"与当代主流思想不符"为由而得出"非科学"的结论，则该行为本身便属于非科学的态度。

我认为，关键要在事实面前恭敬低头，保持谦虚态度。据说，随着量子力学的飞速发展，人们不得不重新看待物质与意识的关系。因此我个人希望自己能一边"贪婪"地了解和学习最前沿的见解，一边持续锻炼"辨别真伪"的眼力。

第 3 章

不要用『脖子上边』来工作

编辑要有战斗力

作者想写的书≠读者想看的书

要想打造"有能量""高能量"的图书，编辑该如何做呢？这个问题不仅限于图书编辑，对于从事制造业的人士同样适用。答案是"战斗"。

我一直对员工们强调，"编辑要有战斗力""编辑工作好比肉搏格斗，唯有在泥泞战场方能成事"。

选题策划是如此，原稿是如此，就连目录和标题亦是如此。要通过战斗，做到最好，努力赋予图书以能量。若能做到这些，便可打造出一本好书。反之，若做不到，则做出的图书只会落得无人问津的下场。

虽说是战斗，但并非为了编辑自己而战。"对读者而言，何谓真正的好书？"身为编辑，必须认真思考这点。

而有一个永恒的课题最能说明这点，那就是"作者想写的书≠读者想看的书"。

在编辑开展工作时，它是一个绕不过去的课题，因此身为编辑，必须站在读者的角度，强调"读者想看的是这样的书"，并为此不惜与作者"战斗"。换言之，做书时要基于读者的立场，与作者展开合作。

能成为选题候补作者的人，往往是相关领域的佼佼者，或是拥有卓越特长技艺之人，因此有许多内容可以写。但他们是否都具备足以著书的文字功底，则并不尽然。对于受读者欢迎的内容和方向性，更是所知寥寥。

许多作者虽然有好故事、好内容，但对于读者的看法和所希求的部分，却往往容易忽视。当然，有的作者会有相关的意识，但这样的是极少数。"怎样才能写到读者心里去？"对于这个问题，其实许多作者都搞不懂。

也正因为如此，编辑必须负起相应的重任。

只要内容好，文笔可以由他人弥补

诸如小说等文艺类作品，除选题策划方向外，原稿本身的确需要作者完全依靠自己的文笔功力，而至于文艺类作品之外的不少类型的图书，只要作者能提供对读者而言的高价值内容，即便其本人文字功底不十分到位，其实也没问题。

在这种情况下，最好的方式反而是请专业撰稿人代劳，让专业撰稿人基于采访作者所得的素材资料来下笔成书。有时，如此写成的书稿甚至更能体现作者自身的风格，可谓"比作者写的还像作者写的"。作者本人因此喜出望外的情况亦不少。因为编辑和专业撰稿人明白"怎样才能写到读者心里去"。

比如养老孟司教授所著的百万级畅销书《傻瓜的围墙》（新潮新书）。养老教授明确表示，此书基于出版社对他的采访内容，由专业撰稿人协助完成。也正因为如此，该书内容毫不晦涩，作者的思想和观点得以舒展流畅地娓娓道出，可谓上述合作模式的典型成功案例。

做书是从零而始的文化创意工作。假如身为"制作方"的出版社和编辑对作者说"一切都交给你了"，那怎么能叫"从零而始"呢？

尤其是商业经管类、励志类和实用类等图书，就像前面提到的，其重要作用是"改变读者自身"，因此出版社和编辑必须站在读者的角度，揣摩读者的感受。

要基于上述理念，与作者一起打造书，这样的书才能争取到读者。而这也正是该工作的乐趣所在。换言之，要以"编辑主导型""出版社主导型"的方式来做书。而该方式的到位程度，直接决定了成书的人气度。

采取这样的做书方式，有时自然会与作者产生摩擦。因为作者自己想出的书，或许与编辑和出版社的有所不同。而这正是考验编辑和出版社的时候，能否坚持立场、贯彻"基于读者视点"的态度，是决定成败的关键。

同样，在对作者进行采访时，有时或许不得不打断对方——"不好意思，这不是读者感兴趣的话题"。必须如此明确目的，心无旁骛地追求成功。

最后，要做好与作者决裂的心理准备。虽说要尽量避免这种最坏的结果，但在心里要提前做好最坏的打算。当然，作为一个专业的编辑，必须竭力做到求同存异，达成共识，而我想说的是，也不要忘了"最终由于无法与作者达成协议而终止选题"这个选项的存在。

在我看来，在与作者打交道时，必须做好这样的心理准备，做最坏打算，往最好努力。唯有如此，才能最终打动作者。

不能让封面设计师以 1/300 的精力对付我们社给的工作

我还经常对员工们说，"不能让封面设计师以 1/300 的精力对付我们社给的工作"。

在业内，高人气的封面设计师每年平均要承接 300 本乃至 500 本图书的装帧设计工作。编辑在委派设计师工作时，当然也知道这个事实。但站在出版社的立场，对于社里呕心沥血做出来的图书，如果设计师仅以"1/300"的精力来进行装帧设计，那肯定无法接受。

鉴于此，我经常对社里的编辑们强调，凡是重点图书，要提前几个月对设计师"吹风"，让其明白我们是认真的，并希望其予以精心设计。

而围绕装帧设计，有时自然也会有矛盾冲突。设计师是该领域的专业人士，往往有自己的想法和理念，也经常坚持一己之见，因此摩擦在所难免。尤其对于知名的设计师，编辑能否大胆提出否定意见——"这样的设计不对"，或者明确提出重做请求——"请再提供一种设计方案"，都是对编辑的考验。

此外，对于图书的装帧设计，有时编辑自己脑中有鲜明的方案雏形，有时可能又没有，总之情况各异。鉴于此，在不同的情况下，对于不同的图书，在委托设计师时，必须采取相匹配的方式。而且由于是设计领域，因此有时很难用语言和逻辑来阐明要求。

读者判断一本书装帧的好坏，只需短短 0.5 秒。由于其属于感性领域，因此在委托设计时，即便依赖各种设计理论，也很难获得满意的成品。换言之，编辑还必须利用所谓的"非语言交流（Nonverbal Communication）"，竭尽全力地向设计师传达要求和想法。除此之外，别无他法。

有时候，由于无法与最初定好的设计师达成共识，最终只能另找别人。这样的情况是极少数，但在我看来，编辑的确需要具备这种"战斗精神"。

当然，这么做等于是给设计师添麻烦，因此并非值得大肆赞扬之举。但我认为，编辑这种"坚持底线"的精神是不可或缺的。如果说得温和一些，也许可以总结为"战斗要注意方式方法，要巧妙灵活"。

"脖子上边"不如"脖子下边"

"大雨天和大风天，皆是适合拜访客户的好天"

工作时运用头脑固然重要，但必须注意的是，若仅凭头脑来开展工作，则往往很难成事。现实中有许多人不理解这点，导致人生诸多不顺。

因此我经常强调，"脖子上边"不如"脖子下边"。换言之，工作时不要一味只用脖子上边的脑子，而要多用用脖子下边的部位。比如手脚、胆魄和心，也就是要有直觉力、魄力和行动力。

反之，最要不得的工作方式是"仗着公司的金字招牌"，即以自己公司的知名度和规模为背景，试图得到客户的信服。这是依靠"脖子上边"的典型。若在工作时采取这种方式，则根本无法取得成果。

正如前述，当我入职 Sunmark 出版社的前身教育研究社时，公司在出版界内的知名度几乎为零，更谈不上什么金字招牌，就连向作者求稿都要花九牛二虎之力。前面已经说过，当时不管是打一通电话，还是写一封信，都需要我费心思、下功夫。但这也充分磨砺了我，因为当时根本没有金字招牌可依靠。

樱井秀勋先生曾告诉我一句名言，该名言出自讲谈社创立者野间清治先生。他说，"大雨天和大风天，皆是适合拜访客户的好天"。

换言之，对编辑和发行部员工而言，大雨天或大风天才是拜访作者和书店的最好时机。对此我完全同意。碰上大雨天或大风天，人们往往不愿出门。可就在这样的天气，看到满身淋湿或吹得灰头土脸的人特地前来拜访，作者和书店员工很可能心生感动。

所以说，野间先生的这句名言可谓直击人心的奥妙之处。虽然是半个多世纪前的话，但不管岁月如何转变，人的心理并未变。

"我不要畅销书出版社给我出书。"

说到运用"脖子下边"部位来工作，有一本书令我至今印象深刻。那就是1998年出版的《诗集：祈愿花开》（坂村真民著）。这也是我们Sunmark社出版的第一本诗集。

坂村真民先生被誉为"日本国民级诗人"，其诗作文笔极为平易，但内容非常深刻。与上述诗集书名同名的诗《祈愿花开》可谓名作，而另一首《因人生只此一次》也是广为流传。不仅如此，日本全国各都道府县都有他的诗碑。在日本诗人中，这种待遇可谓十分罕见。

当时，坂村先生的自选诗集已由其他社出版，我偶尔有机会拜读，结果十分喜欢。在兴趣驱使下，我又找来他的其他诗集和随笔集，最后看遍了他出的所有书。

至此，依然无法抑制我对他诗作的喜爱之情，于是为了让更多人知道他的作品，我自费买了许多本他的自选诗集，送给周围的人。而几乎在同一时期，社里的编辑齐藤龙哉告诉我，有一部介绍坂村先生的DVD版纪录片《诗魂的源流》（伊纪国屋书店），内容非常精彩。

后来，在与齐藤龙哉聊天时，我们谈到了一点——"（坂村先生）的确出了不少好书，但还是少一本真正能一锤定音的作品啊。"

在那之前，我只是喜欢坂村先生的诗作，一心想把他的好作品推荐给周围的人，而以上述谈话为契机，我决定让我们社出一本他的作品。

于是我们联系到坂村先生，提出合作事宜，结果被他当头棒喝地回绝：

"我才不要到处打广告、一味求销量的所谓畅销书出版社给我出书。"

在坂村先生眼中，我们 Sunmark 似乎是这样的出版社。"不好意思打扰您了。"当时，我们只能如此道歉并作罢，但我们并未因此轻易放弃。正相反，这正是"脖子下边"的用武之地。

给坂村先生的信，我不知道写了多少封；而齐藤也一次次地去坂村先生府上登门拜访。前后大约两年时间，我们都如此持续表达着我们的诚意，结果有一天，坂村先生居然给我们回信了。

那是用娟秀毛笔字写就的卷轴信件，信中写道："为了向被赋予新时代使命的年轻人传达讯息，我们一起合作吧。"看到他的首肯之言，当时的我和齐藤一起高兴地跳了起来。

据坂村先生自己介绍，他经常观看高中生棒球比赛，所以非常希望年轻人也能接触到他的诗作，让年轻人也能明白《祈愿花开》的个中意义。这也是他最终答应与我们社合作的原因。

要出诗集，自然要选诗。当时我们以坂村先生的全部诗作为素材（大约有1万首），再找来他已出版的作品，一共装满整整一个纸板箱，送到了我当时经常去的信州山田牧场的山庄。原因很简单，我们社位于喧嚣的大都会，而这并非适合选诗的工作环境。

然后我和齐藤两人在那山庄里待了三天三夜，除了吃饭睡觉外，就一直在看坂村先生的诗作，连做梦都会梦到诗。

最后打造出的3本诗集是《诗集：祈愿花开》《诗集：因人生只此一次》《诗集：宇宙的目光》。虽然已出版了20多年，这"诗集3部作"如今依然每年再版，3本累计销量突破15万册。在诗集类图书中，这可谓罕见的长销之作。

压倒性的"量变"会转化为"质变"

站在公司门前，便知其业绩

迄今为止，我有幸与许多充满能量的作者合作。而在其过程中，我的感受和心得之一是，压倒性的"量变"会转化为"质变"。

换言之，见多识广的作者，其阅历的"量"真的会转化为"质"；受过远远多于常人历练的作者，能看到他人看不见的东西。这便是我对他们的印象。

前面提到的船井幸雄先生便是如此。身为企业经营的咨询顾问，其接触过的企业数量可谓远远多于常人。他曾对我说：

"植木先生，我只要在一家公司门前一站，根本不用进去，就能知道其业绩好坏。"

听了他这句话，我一开始觉得实在不可思议，但下一秒突然觉得可以理解，毕竟是为数万家企业提供过指导和咨询的专家，能达到这样的境界似乎也不奇怪。

而《不生病的活法》一书的作者新谷弘实医生亦是如此。新谷医生是大肠疾病的专家，更是内视镜手术的世界级权威。换言之，他至少见过数万人的大肠。而他也在我面前说过：

"植木先生，我只要站在一个人的面前，根本不用内视镜，就能知道其肠道的健康状况。"

当时听到他这么说，我也是觉得不可思议。或许有人觉得这不可能，但从新谷医生当时真挚的表情来看，我知道其所言非虚。一旦认真经手过的病人多到要以"万"为单位来计算，则这样的"量变"的确会转化为"质变"。换言之，一旦经验达到一个压倒性的数量级，便能"开眼"，从而看到他人看不见的东西。而凡是优秀的作者，皆有这种内在的"能量积累"。

因此，作为出版人，我觉得我们也必须向他们学习。当然，我们不可能立即实现以"万"为单位的积累，但要一步一个脚印，重视"量变"，借此尽量向作者的能量"靠拢"。总之，在工作中无论如何都要脚踏实地，切忌行事草率、避重就轻。

我们社的百万级畅销书《活法》（稻盛和夫著）便是践

行上述理念的典型案例。从最初与稻盛先生取得联系，到该书最终出版，整整花了7年时间。而该书的策划编辑，便是负责坂村真民先生诗集的齐藤龙哉。

征求意见前，先研读大量的会刊会报

他当年以应届毕业生的身份进入我们社，一开始的几年相当辛苦。在做出畅销书前，很长的一段时间里，他都会对着镜子自言自语："我一定能搞出畅销书""别人能搞出畅销书，我当然也能"……如此反复，持续不断。

后来，在面向应届生的招聘说明会上，他向前来的学生们坦言了这段经历。而我也是在那时候，才知道他当年还有这么一段苦涩岁月。而正是这样的他，最终打造出了百万级畅销书《活法》。

其实，在询问稻盛先生出书事宜前，我们开展了自己能想到的准备工作。通读他既有的全部著作自不必说，除此之外，我们还追求压倒性的"量变"。

稻盛先生创办并主持着面向全国企业家的"盛和塾"，当时加入的企业家有4000多人。盛和塾的会刊会报有将近70本，加上他正式出版的著作，足足能装一个纸板箱。

为了该选题，齐藤当时找了家酒店，开了个房间。把自己关在里面好几天，把这一个纸板箱的资料和书籍都仔细研读了一遍。通过这样的作业，他对选题有了具体概念，包括书的内容特征、理想的文体文风，甚至还列出了具体项目。

当时还未征求稻盛先生的意见，也没有获得稻盛先生的首肯，但我们社已经如此投入了相当大的成本和精力。

这样的做法，一般会被认为是不明智的，因为被作者拒绝的风险并不可控。但在我看来，即便被稻盛先生拒绝，齐藤好歹也通读了这么多的会刊会报和著作资料，可谓彻底学习了稻盛思想。在将来，这不仅对责编个人有益，对出版社也势必大有裨益。

凡卓越之人凭一页纸的选题策划书便能够判断

当时，我其实在心里坚信，稻盛先生肯定能明白我们的诚意，肯定能体察到我们所做的功课——不光是他的著作，我们的责编连盛和塾的会刊会报都看了。凡卓越之人，仅凭一页纸的选题策划书，便能够判断这一切。因为他们能看到他人看不见的东西。

在我们询问出书事宜后，过了一段时间，稻盛先生回复道："那我们一起努力吧。"纵观稻盛先生之前出的书，其大多为企业经管方面的内容，或者是专注于某个特定领域的内容。

而既然我们社要出他的书，我们就想出一本受众面更广的、能成为他代表作的书。在该提案获得他的批准后，我们整个社开始着力推进该选题的成书工作。

幸运的是，该书在出版后的大约第 11 个年头，其累计销量终于达到了百万册。能取得如此成绩，当然要归功于以盛和塾各位塾生为代表的多方人士的大力支持。而在我看来，甘于花费大量时间和劳力，在做书时"极度认真"的态度，亦是该书能取得如此成绩的主要原因之一。

《活法》一书的问世，让稻盛先生由衷欣喜。听他亲口说出"这是我的代表作"时，我真是无比高兴。而更让我受宠若惊的是，他还邀我同席共饮。

稻盛先生可是日本大企业家中的代表人物，而我只是一介出版社的社长而已，可他却邀请我赴宴。得此机会的人，全日本能有几个？对我而言，这真是莫大的幸运。

当天赴宴，一见到稻盛先生，我毕竟还是有点紧张。看到这样的我，稻盛先生首先问道："植木先生，您喝酒吗？"

我先是愣了一下，但马上答道："嗯，喝的。"

"啊，这就好！"

说罢，他就右手拿着酒瓶给我倒酒，左手搭在我的肩膀上。没错，就是那位声名远扬的企业家稻盛先生。而且他的动作是那么自然亲切。经常有人说，企业家要具备吸引人的人格魅力。我当时就亲身体会到了这样的魅力，且令我至今难忘。

对我而言，那次赴宴，让我亲自感受到了伟大企业家的卓越之处，可谓宝贵的体验。

沙砾中藏着沙金

极度偶然的《生命的祭典》

如今，我们社原则上已不再接收来自社会上的投稿。但之前，社里平均每年会收到 600 件左右的选题策划和稿件，由社里的数名年轻编辑负责，以传阅的方式评估内容。

当时，我常常对他们强调"沙砾中藏着沙金"。当然，这些来自社会上的稿件绝大多数都属于"完全没法用"的东西。但即便在这样的"沙砾"之中，也蕴藏着如"沙金"一般的好作品。

由于我们社的编辑忽视了这种"沙金"稿子，结果最后它们被其他社出版，还成了畅销书。这样的事情的确发生过，因此大意不得。谁能在一片片沙砾中率先发现亮灿灿的沙金，谁就是胜利者。

而这不仅限于评估社会来稿，在各种情况下，都有机会淘到"沙金"。

比如我们社 2004 年出版的畅销且长销绘本《生命的祭典》，至今累计卖出了 24 万多册。其最初是作者草场一寿先生在佐贺县自费出版的图书。该书通过画家平安座资尚平易近人的画风，表达了传递生命的理念———一个孩子的诞生，归功于超越数代的无数祖先的深度因缘联系。

当时，恰好住在佐贺县的一位熟人把这本自费出版的图书寄给了我。在出版业里，自费出版的图书和来自社会上的稿件类似，其中能符合商业出版水准的可谓少之又少。但这本书不同，其平易近人的画风和浅显易懂的文风，却传达出了深奥的真理，实属优秀之作。

于是我叫来编辑铃木七冲，因为我知道他喜欢这类书。一问才知道，他认识的一位漫画家其实在一周前也给他寄了这本书，因为那位漫画家觉得这本书合他口味。

几乎在同一时期，经由两个完全不同的人脉渠道，两本同样的书寄到了同一出版社的两个人手里。我认为这是上天的旨意，要我们社出版它。铃木也说，他一眼就觉得"这是有益于孩子的好书"。

于是我们决定出版它，结果出版后大获好评。其不仅被选为小学的道德课外读本，其部分内容甚至被收入教科书中，至今依然是畅销图书。

虽然不起眼，但其实有许多为社会、为世人做贡献的人，他们一直在默默努力。特蕾莎修女是世界知名的善人，而在我看来，这世上有无数"平凡的特蕾莎"。而作为出版人，要时刻保持敏感度，努力发掘这样的"沙金"。

此外，有的人虽然当下尚未出成果，但在未来可能创造巨大价值。而是否能察觉这样的迹象，善于发现"潜力股"，也是考验编辑业务水平的重要方面。

对此，其实我自己经常惶惶不安，担心是否已有大量"沙金"从我指缝间流走，而我却浑然不觉。

名人起初皆无名

出的第一本书为何就成了畅销书？

我比较中意"名人起初皆无名"这句话。这个道理很浅显，所谓名人，并非一开始就有名。名人原本皆是无名之人，后来出于某个契机或原因，才得以成名。

奇妙的是，该道理虽说浅显，但有时却是意外的盲点——对于长期受到公众关注的大牌名人，许多人往往会有"其天生就是名人"的错觉。

既然名人和品牌效应会左右图书销量，那么请名人出书自然更有利。在出版界，该思维方式的确存在。但在我看来，这并非完全在理。

我在前面提到，书是能量体。一个名人如果出了好几本书，则书的能量难免分散。倘若这些书大同小异，则内容难免陷于陈腐。换言之，从"书籍能量论"来看，名人不断出书，反而会显出劣势。

出版新书，归根结底是"创造新价值"。既然"价值的高低"是决定图书成败的关键，那么更有潜力提供前所未有的新价值、拥有巨大能量储备的"无名之人"可谓是最强的。

既然出版人的使命是"从零创造并使其最大化"，那么发掘潜力雄厚的"无名之人"、创造新价值、使其传播至全国乃至世界，便可谓最为理想和激动人心的工作了。

关键不要仅限于"书籍"范畴，而要基于"让内容价值最大化"的思维。若能做到这点，就能实现前所未有的有趣尝试，或许还能改变出版业的面貌。

以小说为例，出版界有句老话——"小说家的第一本小说，已然承载了其所有"。我认为这不仅限于小说，经管类书籍也好，励志类书籍也好，皆是如此。换言之，拥有巨大能量的"新风"往往能席卷书市，制造热销爆点。

原因很简单，作者长年积蓄的能量，会在处女作中一口气爆发。"第一次"的能量是巨大的。

百万级畅销书的光与影

除了"名人起初皆无名"外，我还经常引用另一句相关的话，那就是"有名无力，无名有力"。

顾名思义，有名并不意味着一定有力，即便以前有力，若躺在成绩簿上睡大觉，就会立刻沦为无力。换言之，即便面对有名的专家或大师，只要对其说的话抱有质疑，身为采访者或听者，就应该大胆提出来。

另一方面，这世间广阔，人也形形色色。虽称不上"沙砾中藏着沙金"，但在芸芸无名之众中，也有能力非凡之士。而与这种人之间的缘分深浅，有时会影响到自己的一生。这并非仅限于编辑，而是对所有人都适用的道理。

总之，有名也好，无名也好，与其本人的能力水平其实关系并不大。

职称、头衔、毕业的大学、工作的企业……如果一个人把这些视为自己的终极目标和自己得以存在的身份价值，那么一旦得到这些，便会抱着它们不放，而不再努力去提升心性。这就成了极致的"橱窗人"，且会毫无理由地骄傲自满。

可见，一个人若从无名变得有名，也要明白"名气自身毫无价值"的道理，从而坚持每日精进。

在本书第1章的"过往皆善哉"中，我提到"看似好的事情，真的就是好事吗？而看似坏的事情，真的就是坏事吗？"。这样的想法，一直在我脑中激荡。

有人说："中大奖获得几亿日元的人，大半数会陷入不幸。"照此类推，由于成为畅销书作者而名声大振的人，或许亦类似。换言之，百万级畅销书作家的身上，其实也潜伏着这样的危机。

作为一家成功打造出多位畅销书甚至是百万级畅销书作家的出版社，身为该出版社的社长，说出如此"不恰当"的话，也许指责和非难在所难免。但正是基于大量的亲身经历和所见所闻，我才敢如此断言。

举个真实的例子，某作者在成名之前，其演讲酬劳是"90 分钟 3 万日元"，可在因著书大卖而一举成名后，其酬劳一下子涨到之前的 20 至 30 倍。耐人寻味的是，面对这样的"待遇升级"，作者本人的态度并非诚惶诚恐或谦虚推辞，而是欲望膨胀，要求酬劳"一加再加"。

此外，在出名后，不管到哪里，都有人簇拥，有人索求签名，获得众人追捧。于是乎，其在不知不觉中养成了奢侈浪费的习惯，对他人的态度也变得傲慢无礼。常言道，"骄兵必败"，如此目中无人，势必会加速由盛至衰的趋势。况且这样的人在成为名人之前只是普通人，在名利面前无疑很容易不知所措，迷失自我。

若之前已有相当成就，并一直活跃于层次较高的"舞台"上，即便自己的书成了百万级畅销书，依然能淡定冷静，全然不为所动。但对"从无名突然变成有名"的人而言，这就是相当大的考验了——若不能格外注意和审视自己的言行、努力保持谦虚感恩之心和"为社会、为世人做贡献"的思维方式，等待他的必然是"由盛至衰"的灰暗结局。

稻盛先生曾说，"成功亦是对人的一种试炼"。由于工作性质的关系，我能接触到许许多多的名言警句。或许我依然学识浅薄，见闻不广，但在"成功与失败的关系"方面，如此一针见血且深入本质的话，我觉得别无二家。也许"成功"才是对一个人最大的考验。

在这一节"名人起初皆无名"的内容中，我既阐述了"处女作"的强大能量以及成为畅销书的潜力，这可归为"光"的部分，也论及了百万级畅销书作家容易陷入的"由盛至衰"的陷阱，这可归为"影"的部分，因此可谓围绕"光"与"影"的思考。而在下笔阐释上述内容时，诸如"高山必有深谷""祸兮福所倚，福兮祸所伏""塞翁失马，焉知非福"等格言谚语，皆在我脑中不断闪现。

真理往往简单易懂

一流的人能把难的事情讲简单

我们社做书的一大方针是"简单易懂"。我十分重视这一点，因为真理往往简单易懂。

换句话说，"真理往往语言平实"。

有的人或许觉得，用平实的语言写文章，不如用艰涩的语言更能体现自己的聪明。但在我看来，这是大错特错。

我平日经常强调：

"一流的人，能把难的事情讲简单。二流的人，能把难的事情讲难。三流的人，能把简单的事情讲难。"

这不仅限于演讲或论文等，哪怕对于被称为"语言艺术"的诗歌，该道理同样适用。

真正精彩的好诗，往往平实易懂却又富含哲理。语言平实、简单易懂就一定与"肤浅"挂钩吗？当然不是。"简单"也能与"高深"共存。前面提到的坂村真民先生的《诗集：

祈愿花开》中，有一首题为《桃花开了》的诗便是其典型。

病痛
又打开了另一个世界的大门
桃花
开了

我十分中意这首诗，觉得它正是"平实易懂却又富含哲理"的优秀代表作品。

要把高深难懂的事情讲简单，其实并不容易，因此必须在文字表达上下功夫，在用词选择上费脑筋，有时还必须先把复杂的概念或物象努力剖析理顺。让读者易读易懂，内容却高深奥妙。这就是我们社做书的目标之一。

报刊《日经新闻》中有个人气很高的连载栏目，叫《我的履历书》，其读者拥趸不少。该栏目等于是名人或专家的自传体文章连载，每个人的文章连载一般在月初开始，在月末结束。说实话，至于该栏目的内容本身，有的很吸引人，有的却又不见得。

而我在看该栏目时，通过该作者的第 1 期连载，我便能判断当月的连载内容是否吸引人。我的诀窍很简单，就是看

"文章中汉字的多少"。

汉字多，就意味着固有名词多。"我的出生地是……我的父母是……家族成员中有……"如果文章以这样的一堆固有名词开头，那基本可以判断其"不会吸引人"。因为与自传人物的出身、头衔等"外在"相比，读者更关心其"内在"。反之，如果文章以一个与众不同的小故事开头，则更能勾起读者的兴趣，也更平易近人。

说到这里，不得不提被称为日本围棋界"名誉棋圣"的藤泽秀行先生（已故）在《我的履历书》上的第1期连载，其内容当时对我的冲击，至今令我印象深刻。

"我不知道自己有多少兄弟姐妹。"

这是他的连载文章的第一句话。自己的父亲有好几个情妇，自己也是情妇生的孩子，因此不知道自己有多少兄弟姐妹。在文章开头，藤泽先生便毫不避讳地袒露了自己的身世。

而其本人也酗酒、赌博和纵欲，过着前所未闻的放荡生活，甚至被称为"终极无赖"，但在指导和培养棋坛后辈方面却不遗余力……如此鲜活的故事，唯有靠平实的语言才能写就，而非艰涩生硬的一大堆汉字词，因此他的文章简单易读却包含深刻哲理。当然，其最吸引我的单纯理由是"内容有趣"。

我当时不但一口气追完他的连载，还把他那1个月在《我的履历书》上的连载文章全部复印收藏了起来。说到藤泽先生在行文方面给我最深刻的印象，应该要数"在文章开头便和盘托出自己的负面信息"。一般来说，但凡这样的自传体文章，作者一般会趋于故作高深，或者努力展现自己"高大上"的正面形象，可藤泽先生却是反其道而行之。

说到这里，我还记起了梅棹忠夫先生（日本著名学者，其研究领域包括生态学、民族学、信息学和未来学。——译者注）在半个世纪前出版的百万级畅销书《智识的生产技术》（岩波新书）。看书名，似乎让人觉得这是一本艰涩难懂的专业书，但只要翻开一看，就会发现里面少有复杂的汉字词，而多为平实的语言。最重要的是，读者能从中感受到作者的强烈信念——"唯有传达至受众的信息才有价值"。而这种平实易懂，恰恰体现了其在相关领域的造诣。

看来，"真理往往语言平实"这句话果然真实不虚。

书的主旨要明确

做书要旗帜鲜明、深挖主题

在做书时，有一点必须牢记。

那就是"深挖特定主题或作者擅长的领域"。要像用锥子凿洞那样，锁定特定主题，持续深度挖掘。

杂志可分为专业类和普通类。如果以颜色来比喻，则可以说普通类杂志属于"五彩斑斓色"，红、黄、黑……各色皆有，多彩多样。

而图书则不同，必须明确"基本色调"，"这世上的确有红、黄、黑等颜色，但该书只讲蓝色""该书的主色调是蓝色，别无其他"……换言之，关键要旗帜鲜明，以"减法"为切入点，即"该书的内容主旨为蓝色，对黄色不予提及"。

针对一个事物、概念或世相，以特定的程度和限定的主题，深入挖掘探讨。若能在这方面做到位，便能为图书注入能量，也能向读者明确传达所要传达的"色调"。

纵观图书市场上各种畅销书，可以发现，它们大多聚焦于一个主题，且聚焦程度极为细微，且论述内容亦限定在一个特定的范围内。《完全自杀手册》（太田出版）便是其典型，说实话，我们 Sunmark 社是不会出这种书的。该书内容充满争议，在日本可谓毁誉参半，但实际销量的确惊人。抛开其内容不谈，在我看来，这种"基于一点寻求突破"的极致偏执精神，确实可谓打造畅销书的先决条件之一。而在近期的出版物中，我觉得《"便便老师"低龄习题集》（文响社）等图书可谓这种"极致专注、极致聚焦"的典型。

这样的"聚焦"还体现在书名上。比如《鹤为什么一只脚站着睡觉》（草思社），该书并非只讲鹤，而是介绍了各种动物，但出版社以书中象征性的一条讯息作为书名，旨在勾起读者的兴趣。

《卖竹竿的小贩为什么不会倒？》（光文社新书）亦是如此，这是一本市场营销类的书，但出版社将"卖竹竿的小贩"作为典型提取出来，并将作者的论述凝缩聚焦于这一点上，从而构成了该书的内容脉络，最终成功大卖。但要注意的是，它们虽然也可被归入"因为一个好书名而成功"的案例，但其成功的主要原因在于"明确特定主题或作者擅长的领域，并像用锥子凿洞那样深度挖掘"。换言之，能够做到这点的作者，才有可能写出吸引人的书。

　　总之，图书，尤其是单行本，必须明确主旨，并使作者共鸣或感动，此为关键。即"一条讯息定成败"。

内容太杂反而不行

有一处值得字旁画线的地方即可

一本书有一定的厚度，要向读者提供相应的信息量，这是不争的事实。但正所谓"过犹不及"，倘若内容过于繁杂，信息过于多样，则效果反而不佳。

作者和编辑在打造图书时，在"向读者传达讯息"方面，往往会过于"贪心"，觉得"这个内容必须收录进去""那个内容也必须写进去"……其实，这种力求"面面俱到"的想法并不妥当。讲得极端一点，读者在看完一本书后，觉得书中有一处值得字旁画线的地方，这就已经足够。

对于正打算写书的人而言，看到这句话，也许会有一种"无力感"。但上述结论的确基于我的亲身感受——我自己在看完一本书后，如果觉得书中有一处值得画线的地方，就会非常欣喜。换言之，一本书若能给予读者这种程度的收获，便足以使其满足了。

"原来如此，之前不太了解这方面的信息（道理），很有参考价值，明天开始实践一下吧。"如果一本书里有给予读者如此启发的内容，其当然会画线。而在一本书里，有这样一处便已经足够。从某种意义层面上来说，图书的功能即是如此。

为此，就必须"彻底打磨要传达的内容"。即深入主题、强化核心。作者自身在撰稿时，或者在和编辑进行协同作业时，都必须把这点做到位。

作为读者，自然希望接触未闻未见的新东西。换言之，作者下意识中总是在不断寻求新的"刺激"和"惊喜"。

但这并不意味着"只要新就好"。作者和出版社即便一味以"新、奇、特"为目标，若图书内容空洞浅薄，也会被读者一眼识破。为此，要明确区分"必须求变"和"不应改变"的东西。就拿我们社来说，在旁人眼中，我们虽然不断挑战尝试新东西，但同时也秉持着出版界的经典模式和优良传统。

这正可谓"不易流行"（"不易"是指世易时移亦始终不改的本质，"流行"是指随着时代不断演变的创新。"不易"与"流行"本身是一对矛盾体，是变与不变的辩证思想。——译者注）。我认为，这是从事创造类工作时不可或缺的理念。

即明确秉持关键的本质，然后在其基础上添加流行（包括当今时代的流行风格和元素）。在我看来，这正是读者们所追求的。

书名是否"惊人"

在家工作两年的编辑

前面介绍了"热销图书的 5 大共通要素",其第一项便是"书名惊人"。

对图书而言,书名还是极为重要的。因为读者对一本书的兴趣,往往由书名开始。若书名不给人以惊奇、新颖、新知的感觉,读者便不太会愿意去伸手翻阅。

因此,对编辑而言,定书名是极为重要的工作,需要其具备最终拍板的决断力。当年我刚当上社长,在过了一段时间后,我便不再出席选题论证会,但在许多年内,我依然负责对社里的图书书名进行最终拍板。直到大约 5 年前,我才把这件事全权交给各主编去定夺。

至于我不再参加选题论证会的理由,是因为我明白,编辑们不乐意社长处处干涉过问、发号施令。我曾经也当过编辑,算是"过来人",对此很能理解,所以我尽量给予编辑们定夺权。

在选题策划阶段，一本书的书名往往都未正式确定。随着选题推进，编辑通过开动脑筋，努力构思，逐渐确定书名。而哪怕在确定后，依然会费心费神地琢磨，反复修改书名亦是家常便饭。

说起书名，还有一件令我记忆犹新的事。我们社在2003年出版了《"原因"与"结果"的法则》一书，它后来成了销量破67万册的畅销兼长销图书。其责编是铃木七冲。

其实在该书出版前，他妻子便得了重病。他们的孩子当时才3岁，于是他只得抱着孩子，为妻子四处求医，不断转院，最后在家中照顾妻子。我当时得知该情况后，立即提议他在家工作，不用每天来社里了，而他也接受了我的建议。

然后他在家工作了大约两年，同时也竭力照顾妻子，可遗憾的是，他妻子最终病故。对此，他当时坦言，自己非常悲痛，但也的确做到了"尽人事"，能努力的都努力了。

作为一家企业，作为一社之长，在员工有困难不便出勤时，允许其在家工作，我认为是理所当然的。而在铃木心中，似乎有一股"想向社里报恩"的强烈愿望。

或许也出于上述间接原因，再加上意外的机缘巧合，最终促成了《"原因"与"结果"的法则》一书的诞生。

发行部强烈反对更改书名

该书的英文原版由作者詹姆斯·埃伦（James Lane Allen）在100多年前就已出版。如今，除了在英国外，该书在其他各国的版权已过保护期，因此大可利用。该书内容篇幅并不很长，但之前在日本国内只有短篇摘译存在。

当时，铃木偶尔受翻译家坂本贡一先生之邀，前往其位于茨城县的府上用餐，两人天南地北，相谈甚欢。而在铃木要告辞之际，坂本对他说道："铃木先生，其实我打算找个机会翻译这本书的全文。"

说罢，坂本先生还给了他二十几张A4纸试译稿。铃木看了译稿后，第二天便找到我，告诉了我事情原委，我当场批准了该选题的成书事宜。那是我当上社长的第二个年头。

我当时感到，这是铃木为社里带来的好选题。对于这种机缘和类似冥冥之中的安排，我一直觉得应该重视。

于是该选题不断推进，其书名也在数次讨论后定为《"原因"与"结果"的法则》。该书名与书的内容极为一致，发行部也对它评价甚高。

可后来，我却又犹豫了。站在女性读者的角度，我觉得该书名似乎有点生硬，于是又找铃木商量，定了个新书名。

这个"新书名"如今我已想不起，只依稀记得是类似《……的成功法则》之类的书名。如今看来，这种书名实属平淡无奇，完全落入俗套。

如此变更了书名后，封面设计的相应改动也在推进。可我在发行部会议上告知更改书名的决定后，发行部的全体员工脸色大变，情绪激动地提出反对。

他们一致坚持："书名不能改，除了这个书名，其他书名都不行。"这种情况前所未有。面对发行部的这种架势，我和铃木都惊住了。在如此激烈的反对压力之下，自不必说，我当场收回了更改书名的决定，封面设计也不再变动。总之就是一切维持原计划。如此一波三折后，该书终于出版，结果长销17年之久。

如今再看该书的封面，对于映入眼帘的《"原因"与"结果"的法则》这个书名，我能感受到，当年发行部认定"这才是惊人的书名"。

要基于正面矢量来思考

书名负面的图书很难热销

在看待和分析事物及世相时，我一直重视"基于正面矢量思考"的方式，并在做书时也努力秉承该原则。

就拿书名来说，基于负面矢量的书名，或者说偏于负面方向的书名，一般不太受读者青睐，书也就不太卖得出去。

有个事例最为典型，那就是我们社 2009 年出版的《提高体温变健康》(斋藤真嗣著)。该书累计销量超过 70 万册，可谓成功大卖。而当初在定书名时，该书的责编高桥朋宏曾一度在《提高体温变健康》和《降低体温会生病》之间摇摆犹豫。

书名迟迟定不下来自然令人犯难，由于该书的目标读者是女性，于是我让相关员工回家去征询自己妻子的意见。

结果，《提高体温变健康》和《降低体温会生病》这两个书名，前者获得压倒性支持，而后者得到的大多是差评。

据员工们反馈，他们的妻子大多说"不会去买以《……会生病》为书名的图书"。多亏了员工贤内助们的宝贵意见，该书最终定名为《提高体温变健康》，结果大卖。

我在本书第1章中也提到，不仅是书名，不管在思考问题还是判断事物时，"基于正面矢量"都非常重要。哪怕是同样的体验或经历，有的人会记住许多的快乐片段，有的人却会记住许多的痛苦片段。

当然，为了吸取教训、积累经验而牢记所受的苦，这样的想法也没错，也很重要。但我还是认为，只有尽量忘掉痛苦经历、记住快乐体验，才能走向更美好的人生之路。

同样，在选择"做还是不做"时，我觉得也应该积极踏出第一步。因为这才是"基于正面矢量"的作风。与其因不做而后悔，不如做了再后悔。这便是我的思维方式。虽然无法以精确的计算来证明，但我相信，如此积极实践的态度，应该能成就更为丰富精彩的人生。

有人说，AI（人工智能）未来会夺走人类八成的工作，但若基于正面矢量来思考，便能预见，随着新事物的诞生，新的职业也势必会出现。此外，能活在这个人类史前所未有的时代，能活在如此充满变化和新奇的时代，我们应该感到幸运才对。

对事物也好，对世相也好，随着看问题的角度不同，便会得出完全不同的结论。我以前读过围棋大师内藤国雄九段的一个小故事，他属于天才早熟型，年纪轻轻便棋艺精湛。可有一次，他输掉了一场关键的对局，因而意志消沉，于是他母亲对他说道：

"多亏你输了棋，才诞生了一位新的胜利者，这有啥不好的？"

人生万事皆有两面性。若能跳出固有思维、换个角度看问题，就会发现，有时坏事也是好事。

书名灵感在黎明前来访

换个书名，便成了百万级畅销书

正如前述，书名常常是决定一本书成败的命门，因此编辑不得不绞尽脑汁、反复思考，为的是给图书想出一个最好的书名。这可谓编辑背负的"宿命"之一。我自己亦是如此，当年在负责《脑内革命》一书时，从着手采访算起，将近半年内，我一直在思考书名。

工作时自不必说，哪怕休息日在河滩散步时，或者在家中发呆时，我都在下意识地想书名。一旦想出了自认为还不错的书名，我便会在编辑会议上与同事交流，听取他们的意见，然后进行修改。如此反复数次，该书的书名才最终敲定。

许多情况下，必须在办公桌前反复思考和斟酌，但对选题的期待度越高，就越难以这种单纯的方式想出好书名。这种时候，无论在乘电车时，看书时，还是在泡澡时，我都会一直想着书名。正可谓"在潜意识下维持着思考状态"。

如此持续，有时 2 周，有时 1 个月，有时甚至更长。结果有一天，在黎明前时分，还睡在床上的自己，脑中突然就有了书名的灵感。似乎是上天在说："好好把握它（灵感）。"换言之，必须如此坚持集中精神思考，才能到达这样的境界。

关键在于"潜意识下的思考程度"。唯有如此将自己逼至绝境，"打破砂锅想到底"，才能得到真正的好书名。

关于书名的重要性，有一个事例颇有意思。韩国有一家名为"Book21"的出版社，它是业内知名的"畅销书专业户"。该社的社长每年都会来日本好几次，每次都会买几十本日本的图书回去研究。

有一次，我去韩国和他见面，其间谈起我对书名重要性的看法，他对此说道："植木先生，你说得没错，完全就是这么回事。"他还告诉我他的一段经历，其亦体现了书名对一本书是多么关键。

据他介绍，他们社曾出版过一本引进版翻译图书，其原版书名为 *YOU Excellent!*，直译便是《你很优秀！》。而该书韩文版在出版时，最终取了个与原版完全不同的书名。该书内容很好，社长他也十分中意，可遗憾的是，书根本卖不动。

了不起的是，他并未因此放弃，而是毅然将已出版的该书做绝版处理，并决定以全新的书名重新出版销售。而新的书名是《赞美能让鲸鱼也跳舞》。

这真是异想天开的书名。看到这个书名，鲸鱼立在水面摇摆舞动的景象便在脑中浮现。而这的确是"惊人"的书名，且兼具"正面矢量"。

而令人惊叹的是，该书改名重版后，居然在韩国成了百万级畅销书。先前完全卖不出去的书，换个书名后，便成了百万级畅销书。

上述事例可谓集中体现了书名重要性的典型。而在我看来，更重要的是这位社长对该书内容的热爱，以及坚信"该书肯定会大卖"的持续燃烧的意志。换言之，是这种"文化创意产业人之魂"，使不可能成为可能。

努力到底，天便不会弃你

"誓要达成目标的意志高低"决定了一切

作为知名职业棒球选手及教练的野村克也先生（已故），其高中时只是一支弱队的队员，后来以测试球员（类似"见习队员"。——译者注）的身份加入了职业棒球队"南海队"（即现在的"福冈软银鹰队"）。由于父亲早逝，他家境贫寒。在加入南海队时，他可谓背负着整个家庭以及京丹后市（京丹后市是位于日本京都府北部的一座城市。——译者注）父老乡亲们的期待。

当时正值南海队的全盛期，几乎每年都能进入最终二强，与对手争夺联赛冠军的宝座。这也间接导致野村先生当时鲜有出场机会，从而在入队的第一年交出了"零安打"的不佳成绩。于是在当赛季结束后，他收到了队里的"战力外通知"（"战力外通知"是棒球职业联赛专业术语，英文为"Designated for assignment"，简称DFA。简单来说，队员被列为 DFA，就意味着球队已经不再认为其能发挥作用，下一步往往就是"下岗"离队了。——译者注）。面对这样的处理，据说他当时找到球队负责人并说道："如果被踢出南海队，那我就无处容身，也没法活下去了。既然这样，我只能跳到南海电车的铁轨上自杀。"

他撂下如此"狠话"，球队自然也不好马上解雇他。而令人惊讶的是，第二年赛季他表现活跃，一雪前耻。在见证这番动荡起伏后，觉得野村先生"是个人物"的，应该不止我一个吧。

经常有人问："你们社招人时最看重什么？"如果要总结为一点，我认为最恰如其分的回答是"誓要达成目标的意志高低"。具备该特质的人能勇于挑战困难，也能将决定之事贯彻到底。而这种"贯彻到底""坚持到底"的精神若能持续，上天都会出手相助。无论对编辑还是职业棒球选手，该道理皆通用。

有的东西能通过教育和培训习得，有的东西却不能。而"誓要达成目标的意志"似乎属于后者。因此其或许基于先天要素，或许基于 0 到 10 岁的低龄期成长环境。而与"一帆风顺"相比，我之所以更重视"克服艰难困苦"的人生阅历，或许也是对上述特质形成机理的本能感知所致。

当然，有的人也能将这种"贯彻到底""坚持到底"的精神发挥于学业。但在我看来，其大多数还是体现在学业之外的领域。比如不少人年轻时便接触到了自己愿意投入的兴趣或事业，在20多岁前便已有所成就和建树。

而作为测试"誓要达成目标的意志高低"的指标，在招聘时看重"一技之长"也十分在理。一个人要想拥有一技之长，必然要集中精神、排除诱惑、埋头钻研、自强自律，且须拥有持之以恒、坚忍不拔的精神。能做到这些的人，在专注其他事情时，往往也能创造卓越成果。

多亏了我们社的众多优秀人才，我们社才能出版如此多的畅销书。正所谓"人才决定一切"，纵观我们社的员工，不少都有一技之长，有的甚至有多技之长。

有的在高中时代作为合唱队队长，率领合唱队夺得全国比赛冠军；有的在大学时代加入高尔夫球社团，取得差点指数5〔差点（handicap）是一个高尔夫球员（无论职业球员还是业余爱好者）在一个或几个球场打球后被赋予的一个评比数字。差点由两大因素决定，一是球场难度，二是打球者在该球场的成绩。——译者注〕的成绩；有的在步入社会后依然坚持练习剑道，最终取得剑道六段的资格；有的甚至在社里组乐队，自己还创作大量歌曲……这样的例子不胜枚举。

不知为何，我们社大约 50 名员工中，有 16 名是马拉松社团成员，且有 12 名跑完过全马，2 名完成过铁人三项。在我看来，这也从一个侧面证明了我们社是"达成目标意志较高"的组织，因此我一直积极看待员工，对他们满怀期待。

理论逻辑常常靠不住

人买东西不靠逻辑，靠感性

大家都是一样，在思考事物或世相时，一般都会基于若干事实，然后按照逻辑推导结论。而随着类似经验的积累，这样的逻辑便会固化。当然，思考时基于理论逻辑并没错。顾名思义，其合乎逻辑，也容易令人信服，但同时也要牢记，理论逻辑并非一切。

换言之，即便极度追求理论逻辑，有时往往也难以获得正确答案。在我看来，唯有理解"没有答案"这种情况的客观存在，才能创造出真正卓越的成果。

我认为，如果在追求答案时100%讲逻辑、认死理，那么就很难创造出特别的东西。

日本经营合理化协会的牟田学先生曾对我说，所谓学校教育，是以"正确还是错误"的二元方式筛选学生的手段。换言之，只要学生能判断"正确还是错误"，就能获得好成绩，从而升入好学校。

可当学生毕业后走入社会，现实生活中的情况又如何呢？不管是买车还是买围巾，都不会以"正确还是错误"作为是否购买的判断基准，而是因为喜欢才会买。换言之，"喜欢"这种感性因素才是触发购买的动机，因而不管是商品的制造方还是销售方，都必须理解这种感性因素。

同理，学校培养的是一个人对已存在答案的问题的解答能力，而社会考验的是一个人提出问题的能力（并不管相关问题是否存在答案），以及对于"无解问题"的钻研精神和正确态度。

总之，社会并非仅靠理论逻辑便能解决一切的世界。一个人在学校成绩优秀，并不意味着就一定感性优秀。人在步入社会后，必须认识到现实世界并非单纯由理论逻辑构成，而是"靠感性决胜负"。

为此，人要见多识广，要欣赏最美的艺术，聆听最美的音乐。唯其如此，才能磨砺人的感性，提升人的认知。

另一方面，基于逻辑、努力钻研，力图参透对象精髓的精神当然亦不可少。但要注意的是，若只执着于此，则往往会事与愿违。换言之，在追求理性的同时，也要"基于感性发问"，二者缺一不可。汽车也好，围巾也好，图书也好，要让消费者"喜欢"，路其修远兮，且布满荆棘。

坚守自己的擂台

要先把对手拉到自己的擂台上

前面提到，作为从事创造性工作的人，"坚持本色"十分重要。而与其相关的另一理念，便是"在关键时刻坚守自己的擂台"。若忽视这点，则往往会遭遇失败。

这个道理并不只限于做图书，在人生的各种情况下，其都是可以应用的智慧。

讲一件与工作无关的事。我儿子毕业于某私立大学法学系政治学专业，当年考那所大学时，唯有医学和法学专业还设有面试环节。

儿子那时候正年轻，我也不是那种平时爱说教和唠叨的父亲，不过在那个关键时刻，我还是给了他一点建议。

我对他说："不要因为你报考的是政治专业，就在专业的教授面前卖弄政治话题。"

反之，应该思考如何把面试官拉到自己的舞台上。这就是我传授的心得。

我儿子小学时擅长跳绳，不但在市里的比赛中获得优胜，还在县（相当于中国的"省"。——译者注）里的比赛中拿到冠军，且他创造的纪录保持了 6 年多。我告诉他，面试时要提这个。

此外，在高中时，他曾在英国牛津大学进行过两周左右的短期留学交流，当时还在校园内的留学生聚集处用钢琴弹奏了 YOSHIKI（日本知名音乐人。——译者注）作曲的 *Forever Love*，获得了众人的喝彩。我告诉他，面试时也要讲这段经历。

结果，儿子在面试时讲了上述两点，漂亮地把面试官拉到了自己的舞台上，最终被录取。后来据他说，和他一起参加面试的高中生大谈政治话题，结果被教授当场驳了个体无完肤，最后竟哭了出来。

当时儿子对我说："没想到啊，老爸你说的话，偶尔也蛮有道理的嘛。"这算是在我儿子心中挽回了一点形象。

后来，儿子升入法学专业研究生院，并参加司法考试。我儿子大概希望我说"一次就能考过，真棒！"这样的话，但其实他考了两次都没过。当时，日本司法考试有个严酷的规定，每个人只有 3 次考试机会，超过后永不能考。我和妻子都在心里捏了一把汗。幸运的是，他第3次终于考过。当时，我对他说道：

"我当年高考也落榜了两次，但如今回过头来看，我觉得这是一段很好的经历。你在当上律师后，许多来找你的客户都是心怀痛苦或烦恼的。而你的这段苦涩体验，便能在为他们排忧解难时发挥作用。所以说，你应该把这段经历（司法考试两次不合格）视为上天的恩赐。"

可能有人说，因为我儿子最终还是合格了，所以我才这么"站着说话不腰疼"。这或许没错，但我这番话也的确发自内心。如今，我儿子身为律师，在自己的擂台上持续努力。

第 4 章

让全员都能打造出畅销书的机制

经营企业，首先要为了员工及其家人

员工对企业有恩

正如前述，我们 Sunmark 出版的百万级畅销书共有 8 本，而我直接经手的，只有我还在当主编时搞的《脑内革命》及其续作《脑内革命②》2 本。剩下的 6 本都是各位员工努力的结晶。

在我看来，我们社之所以能创造如此成绩，绝对不是因为我个人的功劳，而是得益于我们社总体所具备的"能够打造出畅销书"的实力。要想拥有这样的实力，作为企业经营者，作为一社之长，应该如何做？这便是我在这一章想探讨的问题。

首先，作为社长要注意的是，不要把"成为畅销书专业户"作为出版社的立社之本，这听起来或许有点出乎意料，但的确如此。与之相对，要把"回报员工、关心员工"视为出版社的主旨。

就拿我自己来说，当初从别家跳槽到 Sunmark 出版社的前身，从基层员工做起，之后有幸当上主编、董事，直至社长。其实我从年轻时起就压根儿没想过当什么企业领导，因此和上司说话也是直来直去，有意见也是言无不尽。所以说，我这样的人能当上社长，只能说是命运的捉弄。或许是这样的职业经历所致，我总是会思考"怎样才能够让员工开心"。

在现实中，一个人只要入职于企业，其大部分时间几乎都要花费在工作上。就拿手机来说，即便公司没给发业务用的手机，员工自己私人手机的通信记录中，恐怕也有七八成与工作相关。总之，作为企业员工，便是在持续过着这种"以工作为本"的生活。

鉴于此，在我看来，一旦员工的私生活发生了变故，那么其当然有权将人生的比重向私生活相应倾斜。比如员工家人生病需要长期照料时，或者员工自己生病时等等。

前面提到，我们社的铃木七冲曾经在家工作了大约两年。他之前把生活的七八成时间都奉献给了社里和工作，当他碰到困难时，倘若作为社长的我对此置之不理，那自然是说不过去的。

如此说来，员工把生活的七八成时间都奉献给了企业，等于是对企业"有恩"。而企业等于是"亏欠"员工的。因此基于"有借有还"的原则，当员工或其家人碰到困难时，作为企业，当然必须提供便利和支持。多年来，我一直感受到这种理念的重要性。

其次，企业还应"面对各种状况，采取极为灵活机动的对策"。我一直希望我们社能拥有这样的优势特质。

我上面所述内容并非冠冕堂皇的"漂亮话"。有人可能会质疑，如果为了让员工能照顾家人而在家工作，如果为了低龄孩子而允许员工弹性安排上下班时间，难道不会影响工作效率和成果吗？答案是"根本不会"。不仅如此，由于员工得以安心工作，反而提升了效率，也更容易出成果。

最后，各部门和岗位的员工都必须努力向前、全力奋斗。至于如何让员工具备这样的意识，则是社长的重要任务。

卖出 3 万册以上，就拿码洋的 1% 作为奖励

我这种"以员工为本"的思维方式，其实也是传承了前任社长椎川惠一先生的理念。可以说，在他任社长时，就经常思考"如何报答员工"，而员工当然对此表示欢迎。鉴于此，在我上任后，决定在该基础上思考"出版社的理想

形态"。

而说到对员工的奖励，我们社从以前开始就设有"策划奖"。具体来说，当一本书回款3万册以上，就拿码洋的1%作为奖励，给予该书的策划者。这并不限于编辑，只要是提出好的企划的人，不管隶属于哪个部门和岗位，都能拿这个奖。员工们对此十分开心。

而当一本书回款10万册时，其码洋的1%中的一半奖励给个人，另一半则作为供全体员工使用的保留经费。

可见，如果一本书大卖，那该书策划者的奖励金额也不得了。我自己当编辑时，也因此拿了不少奖励，所以如今对社里有"饮水思源"的感情。

此外，如果同时达成了销售额及利润的年度目标，对于入职3年以上的员工，我们社会给予"目标达成奖"，因此在大幅超额完成目标的情况下，根据社里的利润额的多少，相关员工能拿到较为惊喜的超额奖金。就在近几年前，还有好几个员工拿到了1000万日元。

前面已经提到，"回馈员工"是我们社一贯的传统。对此，我一直传承着、履行着。当然，在上任后，我也制定了一些新的员工福利政策。其中最具代表性的大概要算"让全体员工参加法兰克福书展"。

早在当上社长之前，从 1998 年起，我就参加过数次法兰克福书展。该书展可谓全世界规模最大的书展，其展位遍布 10 多个会场，每个会场都是当时东京国际书展总会场面积的两倍左右。头一次见到这般阵仗时，我完全被惊到了。而在里面"泡了"几天后，我萌生了一种与全球各地"出版人"之间奇妙的纽带感。

到了 2019 年，法兰克福书展的参展国家多达 104 个，参展出版社多达 7450 家。不同种族和母语的人齐聚于此，围绕图书版权，开展商务洽谈，商讨版权转让事宜。其间，既有思想理念的碰撞和交流，也有围绕版权转让的侃侃而谈，但大家皆是爱书的出版人。身在其中，我感觉既自在又激动。而到了傍晚的轻松一刻（Happy Hour），许多人会拿着一杯葡萄酒，继续开始商谈。

让全体员工参加法兰克福书展

在参加法兰克福书展前，我一直在"Sunmark 出版社"这个组织内审视自己的工作。而在参加该书展后，我发现，沙特也好，印度也好，墨西哥也好……全世界的编辑们都在努力做书。

更为奇妙的是，即便语言沟通不太流畅，但彼此心中所想似乎如"波动"一般，能够自然而然地传达给对方。这令我非常吃惊。换言之，拥有某种共通"思想理念"的人，能够超越国别，彼此心意相通。这让我非常欣喜和激动。

"在书展上收获的引进版图书选题是否能成功"，这当然是我参加书展的重要任务。但与之相比，我当时就预感到，在书展上感受到的激动之情，对自己今后会有更大帮助。

此外，各国出版社的展位和图书也是精彩纷呈。有的出版社的展位非常大，一看就是花了血本的；有的出版社的百科全书装帧极为华丽，在日本很难见到类似装帧……

所以说，光参观各个展位都能学到许多东西，且令人乐在其中，激动不已。而且各个参展的出版社都在展位宣传中表明自己的理念，这在当时也给了我莫大的冲击和启发。"如果要用语言明确表达，那我们社的理念是什么呢？"——这是我第一次思考该问题。与此同时，我也庆幸自己能成为一名出版人。正因为如此，虽然当时我连做梦都没想过当社长，但已经有了"想带社里所有同事都来这里看一看"的念头。

我说的"所有同事"，并非只指编辑，还包括负责各地发行的员工和物流中心的员工。我相信他们肯定会感动，并获得百闻不如一见的宝贵体验。

　　自不必说，这么做要花不少钱，但这既是我的愿望，也是鞭策我努力的动力。

　　而在我当上社长后，终于实现了这个梦想。社里一共大约50名员工，大家都出发去参加同一届法兰克福书展当然不现实，所以我采取"分批分组"的方式，花了数年时间，让所有员工都能轮到。而既然难得去一趟欧洲，我就干脆安排他们在参加完书展后顺便去法国看看——住巴黎的酒店，参观卢浮宫博物馆，再去红磨坊看表演……因为我希望他们能够体验在日本体验不到的东西，从而有所收获。

　　由于法国巴黎属于"顺路"行程，因此从企业税务角度出发，很难说这究竟属于公干出差还是纯粹旅游，所以只有一半数额能以"差旅交通费"的方式冲账。即便如此，我仍然决定让社里为员工全额负担相关费用。

　　迄今为止，除负责版权交易和图书引进的员工外，我们社的一些编辑也已参加过两三次法兰克福书展了。有的年份甚至是编辑部全体员工同去。因为我希望培养他们的"国际感"，毕竟对出版工作而言，走出国门、迈向欧洲乃至全世界已是理所当然。

希望丰富员工的人生阅历

2016 年是我们社的丰收年，除了百万级销量的爆款外，其他也推出了不少畅销书。因此在第二年（2017 年），我开展了海外研修活动。意大利、西班牙、夏威夷、美国西海岸四地的"行程套餐"，供员工根据自身兴趣任选其一，各自分头前往。研修的主要内容是视察当地的书店等。

比如当时选择去西班牙研修的莲见（《模特都在偷偷练！美体重塑》一书的责编）在回国后上交的研修报告中，就记述了一个重要发现：

"西班牙的实用类图书几乎都是单色印刷的，连双色印刷的都相当少，四色印刷的则完全没有。我们日本的彩色实用类图书如果在那里卖，销路也许会不错。"

令人惊奇的是，她这份报告中的上述"预言"，后来居然成真。数年后，《模特都在偷偷练！美体重塑》的西班牙语版有幸得以出版，并在出版后不久便冲到西班牙亚马逊网站图书销售榜首位。这一切似乎太过巧合和顺利，但的确是事实，并非编造。

但我也完全没有奢求员工"既然进行了海外研修，就必须立马出成果"。我只是希望员工们能通过海外研修去尽量体验"不同于日常的生活"。这样的体验不仅对做书有帮助，无疑也能够丰富他们的人生阅历。而从长远来看，这对他们的工作也大有裨益。

在如今出版业不景气的大环境下，对于海外研修、公干和调研等，有的人认为是不明智的"烧钱之举"，但我却持相反意见——既然从事的是"从零创造"的文化创意工作，就必须丰富每名员工的见识和阅历。只有这么做，才能孕育出新的点子、选题和价值。

此外，还能增加各种偶然的机缘。由于突如其来的奇妙缘分巧合，最终促成了工作成果。这样的例子在我们社有很多。在我看来，这得益于上述举措。

关键在于"播下必要的种子"。换言之，上述举措，其实等于是在各处广泛播种。当然，播下的种子可能好些年后才发芽，抑或根本就没发芽。即便如此，我依然会坚持，而并不会认为这是一种损失。

播下种子后，我便不再执着于它，尽量让自己忘掉"播过种"这件事。尽人事，待天命，赌上自力和他力。若能以这样的思维方式审视出版工作，便能创造相当有趣的成果。

线绷得太紧就会断

若达成年度目标，全体员工都有 1 个月的休假

前面提到，如果达成了年度目标，我们社会给予员工"目标达成奖"。除此之外，还有一项对员工的奖励，它让各行各业的企业负责人感到"震惊"，那就是"以轮休方式给予全体员工 1 个月的休假"。

早在我担任社长之前，这项奖励制度就已存在。线如果一直绷得太紧，就会断掉，员工亦是如此。而该制度能避免这种让员工痛苦、让社里犯愁的情况发生，因此我觉得非常好。

而据我所知，对于这 1 个月的长假，我们社的员工基于自己的个性爱好，对其予以了充分利用。在许多年前，我们社曾连续 4 年达成年度目标。对于因此获得的 4 个月长假（每年 1 个月），有名员工在休假期间前往英国伦敦就读当地的语言学校，并吃住在当地人家中［即寄宿家庭

（Homestay）。——译者注〕。通过这样横跨 4 年、为期 4 个月的学习，其基本掌握了英语这门外语。

此外，有名女编辑在长假期间去了一家初创企业实习，且不要任何报酬，因为那家企业的创始人曾是一名打造出百万级畅销书的编辑；还有员工出国去跑了马拉松……

当然，只要愿意，员工也可以利用这 1 个月的长假来好好休息，每天睡懒觉亦无妨。或者用来看书、写作，或者用来参加各种活动、表演、展会，或者用来育儿，或者用来陪家人……总之怎么用都可以。

不仅如此，这 1 个月的长假并非一定要一次休完，也可以分成几段小长假来休。社里有的部门和岗位的员工会偏向于这种方式。

而有名年轻编辑的"假期事迹"尤其令我佩服。他花了整整 1 个月，完成了四国遍路朝圣（通过各种方式走遍 1200 年前的佛教高僧弘法大师曾经修行过的、分布在四国的 88 所寺庙，进行环状巡游的寺院巡礼。——译者注）。他背着睡袋，几乎走遍了将近 1000 公里的山路。而他在旅途中发现，来进行遍路朝圣的，几乎都是退休的人或学生。

由于身在山中，有时半夜被蚊子叮得睡不着，于是收起睡袋，继续赶路。据他所说，在获得这种难得的体验的同时，也有一股幸福感涌上心头。

花费整整 1 个月的时间，深度体验这种"不同于日常的生活"，从而获得之前未有的洞察角度和知识见地，成为自己人生的宝贵财富。遗憾的是，那名年轻编辑后来因故辞职了。

也许有人会担心，员工休假 1 个月真的不要紧吗？一名年轻员工即便 1 个月不在岗，也不会导致企业倒闭。这个道理，相信每个企业负责人其实都明白。

既然如此，那么大可给予员工集中历练自我、积累经验的机会。这 1 个月的长假，能给予员工多么大的能量，有时甚至超乎想象。当然，这并非我让他们休长假的功利性目的，但此举无疑会在将来提升他们在选题策划等方面的能力。总之，我希望打造一家能让员工跳出"两点一线"的桎梏，能包容他们自由创造力的出版社。

鉴于此，在我们社，不仅是编辑，其他所有部门和岗位的员工皆有权提出选题策划。而有的热销图书选题，便真的出自编辑部之外的其他部门。

我们社 2012 年出版的《"空腹"使人健康》（南云吉则著），便是社里负责财务的常务盛冈诚治策划的选题，而责编由编辑部的新井一哉担任。该书销量最终突破 50 万册。

作为编辑部之外的部门所提出的选题策划，能取得这种"半百万级"的销售业绩，实在令人惊讶。对其他出版社而言，这或许是天方夜谭。

由于盛冈一直负责财务工作，因此在社里属于"幕后人员"。在我们社陷入财务危机时，他可谓中流砥柱，发挥了巨大作用。而我相信，他策划的选题在成书出版后的大卖，是上天对他默默贡献的一种褒奖。

产假理所当然

让需要育儿或照顾家人的员工也能安心工作

"让女员工在生产后依然能安心工作",这是我作为社长早就宣布的承诺。理由很简单,优秀的女员工能否心无挂碍地发挥实力,将直接关系到我们社的前途。我之所以这么想,还有一层背景原委,那就是我妻子的亲身经历。她是幼儿园的正式教员,她在婚后依然继续工作。其间经历了流产、大儿子的诞生和育儿的艰辛,却一直未曾放弃自己的职业。

我前面提到"员工对企业有恩"。而对于上述问题,我深切感到,"需要一边工作、一边育儿或照顾家人的女性对整个社会有恩"。

因此,基于员工的希望,为了向社里的女员工在生产和育儿方面尽量提供便利,我完善了相关的员工章程。

下面我介绍一下员工章程等社内规定中所修改的部分。

《Sunmark 出版社员工章程及各种社内规定的变更》

◇ **2007 年 1 月 1 日修订**

· 退休年龄 60 岁→改为 65 岁

· 新设照顾孩子的休假：1 年 5 天（孩子小学 4 年级之前适用，可以半天的方式申请该休假）。

· 孩子出生祝贺奖金：1 万日元→每个孩子 10 万日元。

· 新设回归职场祝贺奖金：对于产假结束回归工作岗位的女员工，6 个月后奖励 10 万日元。

· 育儿休假：在孩子 1 岁 6 个月前适用→在孩子 3 岁前适用，最长期间为半年。

· 为育儿而缩短上班时间的措施：从上午 10 点至下午 5 点，实际工作 6 小时→从上午 9 点至下午 5 点（中间有 1 小时休息时间）中自行安排，实际工作时间不少于 4 小时。适用期间为从发现怀孕起至孩子小学 4 年级。

· 育儿弹性工作时间制→适用期间为从发现怀孕起至孩子小学 4 年级前。必须保证的非弹性工作时间段为上午 11 点至下午 4 点。

◇ **2015 年 1 月 1 日修订**

· 照顾孩子及参加孩子学校活动的休假：每年 8 天。在孩子因病等需要照顾或家长要参加学校活动的情况下可申请，孩子小学 6 年级之前适用。

◇ **2017 年 1 月 1 日修订**

·照顾家人 / 自身因病休假：第一年度可请 120 天（连续工作 1 年以上的正式员工）。员工家人因病等亟须照顾或者员工自身因病亟须治疗休养且请假时间超过 1 个月时适用。以 4 月 1 日为基准，连续工作 1 年以上的正式员工，第一年度可请 120 天。从第二年度起，带薪休假中休掉的天数可再次计入照顾家人 / 自身因病休假之中，最多可请 360 天。

是否能为参加孩子学校活动设定假期

许多企业都制定了与女员工生产和育儿相关的产假制度。而我关注的是她们的现实需求和心声，旨在建立她们真正需要的制度。

比如，在我们社，员工拥有为了照顾孩子及参加孩子学校活动的休假，每年有 8 天。诸如家长参观日和家长会等，其实学校活动出人意料地多。我不好意思让员工为此动用自己宝贵的带薪休假，因此推出了上述休假制度。

在我看来，身为父母的员工每次碰到孩子学校活动都要犯愁，或者每次因此请假时都要看上司脸色的企业，都属于不讲道理的企业。

其实，我们社的 5 楼有一对夫妻员工。由于他们有两个还在上小学的孩子，因此他们之中有一个人要出差公干或在上班时间之外参加与工作相关的活动时，比如"这次我请假（照顾孩子）"的对话就会自然而然地在办公室走廊里进行。他们的孩子有时还会来社里。我希望把我们社打造成这种体恤员工的企业。

不仅如此，随着员工家人及其自身的年龄增长，需要因照顾家人或自身得病而休假的情况势必会增加。鉴于此，我规定，凡是连续工作 1 年以上的正式员工，一旦家人因病等亟须照顾，或者员工自身因病亟须治疗休养，都能请假。在日本，据说这方面制度最为完善的企业是瑞穗金融集团。而我想做得更好，因此设定了"120 天"的超长请假天数，并且规定带薪休假中休掉的天数可再次计入该休假之中。

照顾家人的问题，几乎是全体日本人都不得不面对的社会问题。进一步来说，它亦是全世界所有国家皆无法回避的课题。在我看来，企业作为社会公器，不该把这样的课题一味推给员工个人。

唯有保持优良业绩和高收益的企业，才能实现对员工的上述福利制度。企业唯有"效益福利两手抓"，才能不断前行。要想实现体恤员工、造福员工的制度，企业就必须实现高收益。而这便是企业经营者的职责。

每年两次，与全体员工面谈

前面介绍过我们社里的"吹牛大会"，但不管"吹牛"时多么踌躇满志、气宇轩昂，也不管隶属于哪个部门和岗位，落实到具体工作中时，皆是每日琐碎作业的点滴积累。在如此流程成熟的职场环境下，员工一般也很少有需要特地和我这个社长预约时间、请示商量的事务。

可另一方面，对于一些细节问题的提醒，对于一些算不上"请示商量"的信息交换，我觉得其实还是非常必要的。鉴于此，我每年都会找全体员工面谈，与每名员工的面谈时间介于半个小时到 1 个小时，每年两次。该做法已经持续了10 多年。

之所以能这么做，的确也是因为我们社一共就不到 50 名员工。但抛开企业规模不说，一旦有重要的事务和事项，我都会尽量找相关负责人直接了解情况。这样能避免"微妙语气"等细节的传达偏差而导致我判断失误。

令人感慨的是，通过坚持上述面谈的做法，我也受益颇多。

比如，得知出乎意料的作者故事，从而明白了其新书所蕴含的巨大能量；获知书店员工的真实意见，从而避免了对销量的过度期待……

当然，对于长期了无成果的员工，或者对团队贡献程度不够的员工，我会不留情面地指出其问题，并纠正其态度。但很多时候，我都是从员工那里学到东西，使我惊觉之前一直忽略的东西。

曾经有一段时间，我经常找一位企业管理咨询师求教。那位咨询师对我说："企业是各种问题的聚合体。"当时，我一边咀嚼这句话，一边心想，只有靠自己积极乐观地逐一解决各个问题了。

一般来说，人们往往认为企业领导是组织中最了解和掌握公司全体状况的人，但其实并非如此。正相反，组织中最基层的员工，才是对公司全体状况最了如指掌的人。这也是我通过上述面谈所获的实际心得之一。

打造全球拥有 2000 万读者的爆款图书

从懵懂状态进军海外市场

搞出一本百万级畅销书就已经够不容易的了，如果我说"要打造在全球拥有 2000 万读者的图书"，不少人可能会觉得我有"妄想症"。即便如此，从当上社长那年起，这句"大话"我已经连续讲了将近 20 年。当时离日本图书走出国门、迈向世界还非常遥远，以近藤麻理惠女士（近藤麻理惠是日本知名的"整理专家"，她在 2015 年还被美国《时代周刊》评选为"影响世界的 100 人"之一。——译者注）的著作为代表的一众海外热销图书也还远远未诞生。

"2000 万人"，这的确是个不得了的数字。我以该数字为目标的契机，源于得知了一个有名的故事。

有一次，松下幸之助先生在大约 300 名企业家面前做演讲。其间他讲道："要让企业稳定地经营运作，就必须留有余地。"为此，应该像水库那样，保持一定的利润储备，从而在必要时能够做到有闸可开、有水可放。这便是所谓的"水库式经营方式"。

于是一名听众问道："如果能做到这点当然好了，可我们（这些企业家）光是为了维持企业每天的运作和生存就已经忙得不可开交，到底怎样才能实现您说的水库式经营呢？"

对此，据说幸之助先生答道："至于怎样才能实现，我也不清楚。不过必须这么想才行。"

听到这番回答，在场的大约 300 名听众几乎都忍不住笑出声来，似乎在质疑"这算哪门子回答"。可其中有一人却醍醐灌顶，感到有一股电流穿过身体。那人便是稻盛和夫先生。

"先要有念想。'希望像水库储水那样积累资金'的想法是关键。"

这是稻盛先生当时所悟到的。我当时从《活法》一书上看到了这则故事。

于是我暗暗下决心，一定要学习这种精神。

"要打造在全球拥有 2000 万读者的图书。"

这或许是不切实际的"春秋大梦"，但"一切始于梦想"。

1997 年，我们社开始着眼于海外市场。那也是我们社派人去法兰克福书展视察学习的头一年。其实，当时我们社对于海外的出版商务合作等一无所知。就拿书展上的商务洽谈会议来说，当时社里引进版翻译图书编辑部的武田伊智朗不知道会议必须提前预约申请方可举办，结果在（法兰克福书展）现场一筹莫展。

即便如此，从 1998 年起，我们社每年都会参加该书展。

《怦然心动的人生整理魔法》在全球卖出 1200 万册

纵观日本出版社与海外的商务合作，多半是购买欧美国家等的图书版权，然后在日本翻译出版相应图书的日文版，即所谓"图书引进"。这块业务我们社当然也在做，以前面提到的《与神对话》《别为小事抓狂》为代表，不少引进版翻译图书取得了优秀的销售成绩。

另一方面，我们社也一直致力于将日本本土畅销书版权卖到海外的"图书出口"业务。在我看来，我们社在这方面的先行投资，成就了如今的既有"优势"。

首个成功事例是我们社在 2001 年出版的《水知道答案》，该书在日本国内卖出将近 30 万册。也得益于该书作者在世界各国开展的演讲活动，第二年（2002 年），该书被德国 Koha 出版社引进，在德国翻译出版。2004 年，承蒙版权代理商"Inter Lights 有限公司"法人代表长谷部润先生的努力，我们社与 Beyond Words 出版社签订了授权合同，该书英文版得以在美国出版。

结果该书英文版在《纽约时报》的畅销图书榜上连续停留了 28 周，最终创造了总销量 47 万册的成绩。之后，该书的中文版在中国卖出大约 140 万册，韩文版在韩国卖出大约 26 万册……其一共在 35 个国家和地区出版，总计卖出 300 万册。

如今，我们社与世界各国出版社之间所缔结的合同大约一共有 1500 份。而在"图书出口"方面，真正在世界"一战成名"的，则要数我们社 2011 年出版的《怦然心动的人生整理魔法》。

仅仅在日本国内，该书的系列累计销量就超过了 200 万册。2011 年，该书被中国台湾地区的方智出版社引进出版；2012 年，该书被韩国的"THE NAN"出版公司引进出版；同年，该书又被中国大陆的北京凤凰雪漫文化有限公司引进出版；而在欧美，随着德文版的出版，该书的英文版（面向英国）和意大利语版也接连出版。

该书面向美国和加拿大的英文版则由"Ten Speed Press"

出版公司于2014年引进出版。结果其不但连续27周雄踞《纽约时报》畅销图书榜首位，而且在美国大牌书店Barnes & Noble（巴诺书店）的销售榜上也连续11周蝉联冠军。而在亚马逊网站的2015年年度图书综合销售榜上，它也获得了第2名。仅仅在美国，该书英文版销量就突破了400万册。这在日本出版界算是树立了一个"标杆"，当时我们社因此获得了多方的祝贺。

之后，该书的续作《怦然心动的人生整理魔法②》（英文版书名 *SPARK JOY*）问世后，我们社与42个国家的出版社缔结了该书的出版授权合同。考虑到我们社之前在引进欧美图书时，一直向相关出版社支付着高额的版权授权费，因此在向美国等欧美国家的出版社授权该书版权时，对于版权授权费，我也"有来有往"地定了个业内罕见的高价。

后来，随着该书作者近藤麻理惠女士及其著作在美国等欧美国家的人气持续升温，各媒体也日渐对她关注，甚至连她的姓"近藤"的英语发音"kondo"也成了一个流行的英文动词，意思是"以近藤麻理惠的方式整理东西"。之后近藤麻理惠女士移居美国。而在2019年，NETFLIX（奈飞）邀请近藤麻理惠女士出演的真人秀节目（该节目原名为"Tidying Up with Marie Kondo"，大致内容是近藤麻理惠女士访问为整理而犯愁的美国当地普通家庭，然后她现场传授整理技能，提供整理方案。——译者注）在美国等国家和地区一炮打响，随着该节目成为街头巷尾的话题，她的《怦然心动的人生整理魔法》系列图书再次在各国热销，成了长销之作。

除日本漫画外，能在海外接连创造百万级图书销量的出版社，在日本可谓凤毛麟角。我们社之所以能取得如此成绩，要归功于长谷部润先生 30 多年来的提携，以及 Beyond Words 出版社社长理查德·科恩先生、Gudovitz & Company 的法人代表尼尔·格德维茨先生等各界人士的鼎力相助。

海外总销量达 2500 万册

迄今为止，我们社图书的海外总销量已达 2500 多万册，在海外出版的图书已有 1000 本。在我们社出的书中，在海外出版的数量占了大约四成。

我们社每年平均出 80 到 100 本书，除了从海外引进的翻译版图书外，剩下的 60 到 70 本中，几乎有一半都会收到海外出版社（主要是亚洲的出版社）关于引进翻译事宜的垂询，其中有三到五成的垂询会最终敲定并缔结合同。承蒙厚爱，最近七八年来，版权收入已成为我们社的一大收益源泉。得益于此，有的书在日本国内的销售未能赢利，后来依靠海外版权收入，最终实现了账面上的"黑字"，这也让作者最终获益。而最为重要的是，能让世界各地的人成为自己的读者，想必也是广大作者所追求的梦想之一。

当然，其中也伴随着困难。比如欧美出版社几乎没有懂日文的编辑。为此，对于重点图书，我们社需要先自己找人翻译成英文，再去向其推销。这种情况下，翻译质量是关键。

以《怦然心动的人生整理魔法》为例，我们社当时找到了居住于高松市的加拿大人平野 Kathy 女士，请她翻译该书。她是业内有名的实力派译者，曾翻译过国际安徒生文学奖得主上桥菜穗子女士的《兽之奏者》(讲谈社)等名作。近藤麻理惠女士的著作本身固然内容精彩，但平野 Kathy 女士把日文的"怦然心动"翻译成"Spark Joy"的这份秀逸才思，亦是该书英文版成功的要素之一。我认为，如果不是由她翻译，或许该书在英语国家就无法取得如此惊人的销售业绩。

至于经常从日本引进图书的中国台湾地区和韩国，有不少是对方出版社通过版权代理商，直接找到我们的。这些出版社里有不少编辑懂日语，他们有的每天查看亚马逊图书销量榜，碰到感兴趣的，就找相应的出版社咨询版权事宜。

我们社在官网上有"试读"的功能页面，对于我们社还未出版的图书，提供 1 章左右的免费下载试读。有的海外出版社通过该试读功能，前来垂询尚未出版图书的版权引进事宜。

以日本的精神和神秘领域为卖点

如何与世界各地的出版社建立良好的合作关系？对一家出版社而言，与海外出版社之间的关系网，是其重要的财富。以亚洲为例，我们社积极参加中国台北国际书展、首尔国际书展、北京国际图书博览会等业内展会，从而巩固与当地出版社及版权代理商的合作关系。得益于这样的努力，之前较低的版权授权费，如今也在逐渐提高。

尤其不得不提中国台湾地区的"畅销书专业户"——圆神出版社。我们社甚至会组团前往台北，去拜访该公司，可以说已经形成了"员工级别"的密切交流关系。因为我不想把和海外出版社之间的关系限制在单纯的"版权买卖"内，而是希望通过加深关系，创造出附加价值。让人欣慰的是，这样的努力取得了一定的成果。以中国台湾地区为例，我们社授权出版的图书在当地的销量有所增加，且经常进入销量排行榜前列。

而在法兰克福参展时，我们并不选择日本出版社集中的日本馆，而是特意将展台放在参观者更多的英美馆。这缘于促成我们社海外首本畅销书《水知道答案》的 Beyond Words 出版社的诚挚邀请，因此我们等于是和他们社"共同参展"。

在我看来，日本的不少出版社太过纠结日文的语言壁垒性质，从而产生了强烈的"界限意识"，一味认为"日本的图书杂志在海外没有市场"。其实，首先要有念想——"（日本的图书杂志）在海外也有市场""要放手去开拓市场"。只要是好书，肯定普遍受欢迎。尤其是与心灵和身体相关的图书，其能够打破国界、语言和肤色的差异。

此外，随着世界的不断发展，我切身感到，日本特有的精神领域愈发受到他国的瞩目。还是以近藤麻理惠女士的"整理魔法"为例，其强调"在扔掉不再穿的衣服和不再用的物品之前，要感谢它们之前所发挥的作用"。对衣服和物品道谢，这蕴含着日本的传统文化元素，也与"禅"的精神相通。对欧美的读者而言，这样的理念十分新鲜，也非常酷。

2020年，《模特都在偷偷练！美体重塑》的作者佐久间健一老师为了宣传其续作的西班牙语版，在当地开展交流活动，结果其续作在西班牙的亚马逊网站图书综合销售榜上荣登首位。我真心为这个好消息感到高兴。

此外，我们社出版的《当场就签单》在泰国热销。当地出版社积极开展了不少相关宣传活动，包括邀请该书作者加贺田晃先生前去演讲。对我们社国际版权部部长小林志乃（她原先任职于 Tuttle-Mori Agency 版权代理公司，后加入我们社）而言，忙碌的日子一直在继续。

总之，不只限于整理，日本还有许多优秀的传统思维方式和精神理念。它们足以令日本人在世界上引以为傲，且其中亦蕴藏着成为畅销书的巨大潜力。

最近，与我们社有过合作的作家本田健先生的著作 *Happy Money*（中文版曾被译为《本田健的快乐致富圣经》。——译者注）由 Simon & Schuster 出版社面向全球 30 个国家出版发行。可见，关注海外市场并开展相应活动的日本作者和出版社正在不断增加。面对日本出版界的这股新潮流，我着实感到欣喜。

成为靠版税悠闲度日的出版社？！

制造业一半的销售额来自海外

如果我们社出版的图书能在全世界拥有大量读者，就能获得大量版税收入，从而成为靠版税悠闲度日的出版社。这是我远大的愿望和梦想。因为一旦实现这一点，出版社就不再需要为眼前的活计忙碌，于是便能高瞻远瞩，描绘远大构想，从容思考下一步战略。

或许有人认为这是不切实际的幻想，但梦想总是要有的，万一实现了呢？即便没能实现，也不会对任何人造成损失。

我一直主张"关键先要有这样的念想"。或许有人觉得我是在痴人说梦，但这一直是我不动摇的理念之一。

就拿日本的制造业来说，其将近一半的销售额来自海外。鉴于此，日本的出版业还应该进一步走出国门。这也是我们社着力于海外版权业务的背景原因之一。

实际上，在日本大卖的货真价实的好书，在海外的确也能卖得好。比如前面提及的稻盛先生的《活法》，其仅仅在中国的销量就突破了 500 万册。

总之，像《活法》这种提倡"要极度认真地活着"的好书，已经跨越了政治体制和国家的差异，"俘获"了数量惊人的读者，这对我这样的出版人而言，真是无限欣喜之事。

做电子书，关键要"应对变化"

作为企业经营者，自然要不断寻找新的"收益源"。而对出版社而言，电子书便是新的收益源之一。早在 20 世纪 90 年代末，我们社便着手于"非纸质书（即电子书）"业务。

从那之后的很长一段时间内，对于电子书，我们社主要偏重于实验性的尝试，尽量不耗费成本。2007 年，我们社才招聘了专门负责电子书业务的员工，他就是如今社里"数字内容部"的部长奥村光太郎。他坦言，自己曾在社里有一段相当漫长的"暗黑时期"——入职后的数年间，社里电子书业务的年销售额甚至没他的年薪多。

而到了 2010 年，随着苹果的 iPad 问世，电子书的人气开始爆发。当年夏天，社里给 20 名编辑配备了 iPhone。大家试着用它看电子书，结果出乎意料地好用，从而对电子书将来的需求前景有了确切的认识。

而第二年（2011年）正可谓电子书兴起的元年。那一年，我们社的电子书销售额终于在报表里有了点儿存在感。而到了2012年，随着亚马逊电子书阅读器Kindle正式在日本发售，电子书的市场进一步扩大。2013年，我们社负责电子书业务的部门也创造了1亿多日元的销售额。

纵观电子书市场，漫画占压倒性多数，但我们社的电子书以单行本为主，且上架数量并不算多。由此可见，我们社电子书的单本下载量还是相当可观的。

但设备终端和通信环境每年都在变化，不但预测市场动向较为困难，而且一旦判断失误，就有销量一落千丈的风险。鉴于此，社里对相关部门和负责人在"应对变化"能力方面的要求自然趋于严苛，想必他们的工作环境与"悠闲"相距甚远。

至于电子书的优势，则在于"联动性"——纸质书一旦大卖，则其电子书也会相应热销。若能在巧妙控制成本的基础上正确把握"爆款"，便能创造高收益。

至于有声书，我们也算是较早试水的出版社之一。承蒙致力于有声内容的业内先驱Otobank公司的提携，我们社很早就开始制作和推出有声书了。最近由于智能音箱等设备的流行，不少企业开始涉足该领域。鉴于此，有声书这块市场将来的规模不可估量，我对此十分期待。

从历史中学习"如何长盛不衰"

通过出版工作学习企业经营

回顾过往人生，我发现，从事出版工作，令我受益良多。尤其在我成为一社之长后，之前做书时的所学所获，皆得到了很大程度的实践运用。毫不夸张地说，通过出版工作，我在不知不觉间学习企业经营。

比如当年有幸经手船井幸雄先生和牟田学先生的著作，当时我完全没想过自己后来会当上社长，但通过与二位的合作，我学到了许多宝贵的东西。虽不算"耳濡目染，不学自会"，但也似乎在做书的过程中不知不觉地接触到了企业经营的真髓。这实在是莫大的幸运，值得我感恩。

当然，对于伟大前辈们的教诲，我还远远未能做到。我曾把《京瓷哲学》赠予一位企业家，他在看了该书之后，眼神悲伤地对我说："植木先生，这的确是本好书，但里面的任何一项我都没做到啊。"

其实我又何尝不是如此，而更令人吃惊的是，就连稻盛先生本人都说："自己并未做到所有项目的要求，但重要的是要有这样的目标和意识。"他的这番话令我醍醐灌顶——原来如此！既然重要的是要有这样的目标和意识，那么我或许也能试试。

除了这样向伟大前辈们学习外，我也认识到向历史和历史人物学习的重要性。

我于 2002 年 7 月 1 日就任社长，在那前后，我花了半年时间看完了一套书。那就是山冈庄八先生所著的《德川家康》（讲谈社），全书 26 卷。

对企业而言，最重要的是"永续发展"。至于与该关键词最为匹配的历史人物，我觉得便是奠定了江户幕府 260 年基业的德川家康。而"一切为民"是贯穿其一生的核心理念。

人们常说，德川家族祭祀先祖上至 15 代，这也是德川家族得以统治日本 15 代的原因之一。而德川家康的遗训更是留给后世的宝贵箴言，比如日本人耳熟能详的"人之一生如负重致远"，其下文还包括"不可急躁。以不自在为寻常，则不觉不足。心生欲望时，当思先前困窘之日。忍乃长久之根本，怒乃人生大敌。只知胜而不知败，则自害其身。应常思己过，勿怪人非。凡事过犹不及"。

　　这实在是哲理深刻、字字珠玑，也让其励精图治、日理万机的辛劳形象跃然纸上。我甚至觉得，若能以这样的思维方式处事待人，则很难上当受骗或误入歧途。

以"出色工作，美好人生"为目标

给予多少愉悦、欢喜和慰藉？

我经常对员工说的一句话是"出色工作，美好人生"。而且我告诉他们，这句话的精髓在于其顺序。换言之，并非"美好人生，出色工作"，而是"出色工作，美好人生"。因为在我看来，只有工作出色，人生才会美好。若无法做到工作出色，则很难拥有美好人生。

不仅对我自己，我也希望社里的全体员工都能度过美好人生。这是我发自内心的愿望。为此，我希望他们做到工作出色。而且"工作出色"正是人生价值所在。

究竟何谓人的价值？何谓人生价值？对于该问题，我曾一度陷入深思。有人把人生价值与赚得的金钱和积累的财富挂钩，有人把人生价值与安身的宅邸挂钩，有人把人生价值与社会地位、人脉关系及所培养的人才挂钩……换言之，人们习惯于把人生价值与这些看得见、摸得着的东西（或者说容易度量的东西）相挂钩。

从某种意义层面上来看，这或许也有合理的地方。但问题在于，人生价值真的仅仅如此吗？且这真是人生价值的最高体现吗？在我看来，这是必须"较真"的问题。

经过持续思考，我得出了如下结论。

一个人的存在，能让周围的人感到慰藉、鼓舞；一个人的笑容，能让周围的人感到安心；一个人的问候，能让周围的人感到振奋。一个人能像这样给予他人多少愉悦、欢喜和慰藉，其"量"和"程度"的综合，或许正是一个人的人生价值所在。

我觉得，该结论与正确答案应该差得也不太远。其实早在制定 2008 年的社内中期经营计划时，我就把这段话写了进去。据说，至今社里仍有员工会反复琢磨它。

而我们的工作，正是能给予广大读者愉悦、欢喜和慰藉的工作。工作越出色，便越能给予读者愉悦、欢喜和慰藉，即创造巨大的人生价值。在我看来，这无疑能让人生变得美好而充实。

而且该工作还有一个最棒的"彩蛋"——不管是编辑还是发行，都能在工作中大有所学、大有所得，从而促成自身的变化。鉴于工作性质，有时要与各界名人和专家打交道，包括讨论问题、提出方案，甚至相互争执。可见，要做好这份工作，还必须努力学习、提升自我，以及习惯于面对和解决困难。这的确不容易，但能实现自我的改变。

一个人所处的位置和环境是否充满变化，这在很大程度上决定了其人生价值。因为变化促进成长，而获得成长的人更能给予他人愉悦、欢喜和慰藉。如此贡献他人、愉悦他人，自身势必也能获得相应的回报。

仔细一想，或许该道理适用于任何工作。

稻盛先生的名言语录中，有一句我格外喜欢。

"工作是人生的磨刀石。"

出色工作，创造美好人生。我衷心希望社里的员工乃至各界人士、各位读者都能度过美好的人生。为此，我希望各位都能做到工作出色。

后记

至此，《畅销的光与影》一书算是完成了。而在此后记部分，我想对本书的相关原委和感想稍作记述。

一切要从距今将近 30 年的 1991 年说起。当时，我也想用个人电脑体验一把流行一时的"数据库通信"，于是买了台苹果 Macintosh LC 个人电脑。

结果倒腾了一段时间后，我对"数据库通信"的热情冷却了，使得买来的电脑没能发挥原本计划的作用，倒是让我养成了一个新习惯——从那年起，我会把个人感触和思考成果敲到电脑里。

尤其是每年年底的"回顾总结"和对新年的"预测展望"，对于这两篇文章，我每年都会格外认真卖力。

文章内容的八成左右都与工作相关。比如"当下的某畅销书将来销量能冲到多少""新书的出版计划表中每本书各自的人气会如何"，甚至还包括"海外版权及电子书的收益会如何""新业务的进展会如何"等。

由于并未打算把文章给谁看，因此行文很轻松——有时会在文中"吐槽"自己，有时会在文中回顾曾经的失败经验……

至于文章的另外两成内容，则主要是一些生活上的计划。比如与4个要好的高中同学开展3年一次的旅行，给老婆大人的彩色粉笔画个人作品展预约场地，以及读书计划和体重管理等。

至于文章的篇幅，起初每篇不过几页A4纸的程度，可随着时间的推移，文章越写越长，有时一篇的篇幅可达17到18页。如此一来，整个年末年初的长假期间，我几乎都得泡在书房里，对着电脑专心码字了。

当然，我对此并不讨厌，因此有一种充实感，不过这"作业"本身的确让人够呛。由于30年来的持之以恒，不知不觉间，这些文章的总量已经够出3本书了。若要将它们重新看一遍，可谓一件相当费时费力的工作。

不知是否与我在本书中提到的"量变会转化为质变"如出一辙，但在坚持如此码字的过程中，的确产生了一个有意思的现象——回顾同一年的"新年展望"和"年底总结"文章，我发现，自己在年头的预测和强烈念想，有时在年底已经实现。且这样的情况发生了许多次。若将其归于偶然，则概率也太高了。

我天生就是"右脑型"人，因此在做出重大判断时，比起理论逻辑，我更重视自己的直觉。或许源于"将生存视为一种赌博"的倾向，我觉得自己比较擅长"孤注一掷决胜负"。但即便如此，也无法解释上述"预测成真"的现象。

对此，我的理解如下。

始于梦想，然后不断深入，将其落实为文字，进而实行，若遭失败，则反省。如此年年坚持，预测和愿望有时便会在眼前成真……这就是我对上述现象的推论。

关于上述内容，我对社里员工讲过几次。之所以在这里提及，是因为我觉得其或许对各位读者也有一定的参考价值。在效仿我上述做法的过程中，即便预测和愿望未能实现，从某个意义层面来看，记录自己每个时间段的所思所想以及所关注的东西，势必也能丰富自己的人生。

本书以百万级畅销书为典型，基于实际案例，着重阐述了如何打造"爆款图书"。但在本书尾声之处，我必须向各位读者"坦白"——在现实中，与畅销的成功之作相比，滞销的失败之作要多得多。

畅销书自然显眼，凭借讨论热度和媒体报道，其广为人知。而滞销书呢？不知算幸运还是不幸，它们往往被人忽略。几乎没有人会对无人问津的东西感兴趣。正因如此，滞销书往往位于"阴暗的角落"，鲜为人知。

我在演讲时也经常提到，社里的仓库深处可谓"死尸累累"。这点必须道明。

至于畅销书的成功，则要归功于社里的员工。多亏了他们的努力奋斗，才有了我们 Sunmark 出版社的今天。从该意义层面来看，其实我并没有发挥什么举足轻重的作用。

本书中提到过，在我们社，只要达成年度目标，就会给予员工特别奖励，还有 1 个月的长假。对员工而言，这自然是值得欣喜的好事，因此他们在工作中十分卖力。

可在 2014 年，本来应该能达成的年度目标，却由于我的"指导路线错误"而泡汤。

对此，我当时认真反省，并且在 2015 年的年度方针发表会上宣布：

"如果今年的年度目标完不成，我就去剃青皮头！"

当着全体员工的面，我如此高调宣布，因为我的确是认真的。同时也是在督促自己，必须拼命努力，达成年度目标。

不过这话说出口后，我就后悔了。说起理由，其实很悲伤——我头上的毛所剩无几，似乎还不够剃一个青皮头的发量……

笑话就讲到这里，再说回2015年的年度目标。我在年度方针发表会上说出那一通豪言壮语后不久，社里出现了一个完全出乎我意料的现象——不知是谁起的头，员工们纷纷把一句话挂在嘴上。

"如果年度目标不完成，我等于是害社长剃青皮头的'罪人'了。"

那年员工的努力劲头，连我都感到吃惊。作为一社之长，我自然在企业经营中有自己的决心和觉悟。而令我感动的是，员工们体察、理解并接受了我的理念，且以努力工作的方式践行。

如此一来，果然幸运女神也站到了我们这边。那一年，我们社不但成功打造出畅销书，而且海外版权收入也高于预想，最终出色地达成了年度目标。不仅如此，从那一年算起，我们社连续5年都达成了年度目标。这十分难得，也实在令我感恩。

记得当年高考二度失利而复读时，我和同样因高考二度失利而复读的好友一起去日本本州最南端的"南纪潮岬"海角散心。我俩站在海角的悬崖边，见巨浪拍打岩壁处的巨石，激起轰隆巨响，可巨石却纹丝不动。

在反复聆听这巨响轰鸣的过程中，我突然想到，自己高考落榜的烦恼，是多么渺小啊。"明年高考要是再失利，我这辈子就完了"——之前一直如此想不开的我，当时写下了这样的话。

"千万别忘了，在这个世界的别处，有另一个新世界。"

这句话后来一直是我人生的一大支点。无论发生什么，都是邂逅新世界的机遇，而这就是人生。若能明白该道理，则人生的风景亦会变不同。

纵观日本未来，可谓形势严峻、苦难非常。或许有前所未见的艰苦岁月，在等待着全体国民，成为全体国民不得不承受的考验。

但请不要忘记，新世界必然存在。要在狂风暴雨中畅想万里晴空，的确非常困难，但只要每个人心中抱有哪怕一丝梦想，就能不断前行。

本书若能在这方面助各位一臂之力，则我已不胜荣幸。

本书之所以得以出版，首先要归功于铃木七冲先生。他曾任我们 Sunmark 出版社的董事，如今已经独立，现任 71 株式会社的法人代表。10 多年来，他一直建议我写这本书。

对于这份热情和关心，我最终没有辜负。

此外，在本书的构思和编辑方面，职业撰稿人上阪徹先生予以了倾力协助。我在此谨表谢意。

在当编辑时，我有机会接触无数的原稿，参与编辑且最终出版的图书亦多得数不清。但之前从未想过自己有一天居然会成为写书的作者。而对我而言，这种将自己的理念和梦想转换为文字的作业，不仅是对既有经历的整理归纳，也是描绘新梦想蓝图的路径触发，可谓十分新鲜的体验。

最后，衷心希望本书能对各位读者有所启发和帮助。

2020 年 6 月

植木宣隆

过去 25 年内的畅销 & 长销书

1　《脑内革命》
春山茂雄著　1995 年 6 月 　　　　　　　　　　　　　　　　　4,100,000 册

2　《别为小事抓狂》
理查德·卡尔森（Richard Carlson）著 小泽瑞穗译　1998 年 6 月 　　1,733,500 册

3　《怦然心动的人生整理魔法》
近藤麻理惠著　2011 年 1 月 　　　　　　　　　　　　　　　　　1,590,000 册

4　《不生病的活法》
新谷弘实著　2005 年 7 月 　　　　　　　　　　　　　　　　　　1,408,000 册

5　《脑内革命②》
春山茂雄著　1996 年 10 月 　　　　　　　　　　　　　　　　　1,340,000 册

6　《活法》
稻盛和夫著　2004 年 8 月 　　　　　　　　　　　　　　　　　　1,340,000 册

7　《模特都在偷偷练！美体重塑》
佐久间健一著　2017 年 5 月 　　　　　　　　　　　　　　　　　1,200,000 册

8　《身体再僵硬的人都能练成的劈叉》
Eiko 著　2016 年 4 月 　　　　　　　　　　　　　　　　　　　　1,000,000 册

9　《修身显瘦的零位训练》
石村友见著　2018 年 5 月 　　　　　　　　　　　　　　　　　　860,000 册

22 《千万别学英语》

郑赞荣著 金淳镐译 2001年1月 284,000 册

23 《水知道答案》

江本胜著 2001年11月 282,500 册

24 《光看便能提升记忆力的习题集》

池田义博著 2019年6月 280,000 册

25 《原来，成功人士都这样拜神许愿》

八木龙平著 2016年7月 275,000 册

26 《病能自己愈》

筱原佳年著 1996年6月 262,000 册

27 《有钱人为何用长钱包》

龟田润一郎著 2010年12月 260,000 册

28 《思考如此成现实》

潘·格鲁特（Pam Grout）著 樱田直美译 2014年4月 257,000 册

29 《与神对话》

尼尔·唐纳德·沃尔什（Neale Donald Walsch）著 吉田利子译
1997年9月 252,000 册

30 《血流能解决所有烦恼》

堀江昭佳著 2016年3月 244,000 册

31 《现在开始永不嫌迟》

中岛薰著 1999年7月 239,000 册

31 《生命的祭典》

草场一寿著 平安座资尚绘 2004年10月 239,000 册

33 《在谎言拆穿之前》

川口俊和著 2017年3月 235,000 册

33 《当场就签单》

加贺田晃著　2011 年 2 月　　　　　　　　　　　　235,000 册

35 《附 CD 版 千万别学英语》

郑赞荣著 金淳镐译　2001 年 6 月　　　　　　　　231,000 册

36 《消除压力从大脑开始》

有田秀穗著　2008 年 12 月　　　　　　　　　　　220,000 册

36 《清醒思考的艺术》

罗尔夫·多贝里（Rolf Dobelli）著 安原实津译　2019 年 4 月　　220,000 册

38 《考试之神教你实现梦想》

伊藤真著　2006 年 4 月　　　　　　　　　　　　212,000 册

38 《斯坦福抗疲劳法》

山田知生著　2018 年 5 月　　　　　　　　　　　210,000 册

40 《生命的暗号》

村上和雄著　1997 年 7 月　　　　　　　　　　　207,000 册

41 《别为金钱抓狂》

理查德·卡尔森（Richard Carlson）著 小泽瑞穗译　1999 年 3 月　　200,000 册

41 《什么样的人能干，什么样的人不能干》

安田佳生著　2003 年 2 月　　　　　　　　　　　200,000 册

41 《一定会变好》

本田健著　2005 年 1 月　　　　　　　　　　　　200,000 册

41 《学会拉伸》

中野·詹姆士·修一著　2016 年 2 月　　　　　　　200,000 册

（截至 2020 年 4 月）

图书在版编目（CIP）数据

畅销的光与影 /（日）植木宣隆 著；周征文 译 . — 北京：东方出版社，2021.8
ISBN 978-7-5207-2285-8

Ⅰ.①畅⋯　Ⅱ.①植⋯②周⋯　Ⅲ.①图书—出版工作—日本　Ⅳ.① G239.313.1

中国版本图书馆 CIP 数据核字（2021）第 138924 号

OMOU KOTO KARA, SUBETE WA HAJIMARU
by Nobutaka Ueki
Copyright ©Nobutaka Ueki, 2020
Simplified Chinese translation copyright © ORIENTAL PRESS 2021,
All rights reserved
Original Japanese language edition published by SUNMARK PUBLISHING, INC. 2020
Simplified Chinese translation rights arranged with SUNMARK PUBLISHING, INC.
through HANHE INTERNATIONAL(HK) CO.,LTD.

本书中文简体字版权由汉和国际（香港）有限公司代理
中文简体字版专有权属东方出版社
著作权合同登记号 图字：01-2021-3148号

畅销的光与影
（CHANGXIAO DE GUANG YU YING）

作　　者：〔日〕植木宣隆
译　　者：周征文
责任编辑：贺　方
出　　版：东方出版社
发　　行：人民东方出版传媒有限公司
地　　址：北京市西城区北三环中路 6 号
邮　　编：100120
印　　刷：北京文昌阁彩色印刷有限责任公司
版　　次：2021 年 8 月第 1 版
印　　次：2021 年 8 月第 1 次印刷
印　　数：1—8000 册
开　　本：787 毫米 ×1092 毫米　1/32
印　　张：7.875
字　　数：131 千字
书　　号：ISBN 978-7-5207-2285-8
定　　价：59.00 元
发行电话：（010）85924663　85924644　85924641

版权所有，违者必究
如有印装质量问题，我社负责调换，请拨打电话：（010）85924602　85924603

《活法》

国内销量突破500万册
改变无数人命运的心灵读本

《京瓷哲学：人生与经营的原点》

成就美好人生的指南
企业家经营管理的必读经典

《稻盛开讲》

国内首套稻盛和夫演讲实录
全面展现稻盛和夫人生与经营
理念之精髓与魅力